Teresina etc.

Antonio Candido

Teresina etc.

todavia

Para
Azis, Costa Correia e Germinal,
pensando em
Arnaldo, Gikovate e Paulo Emílio

I. Teresina e os seus amigos
1. Crônica inicial 11
2. O ser e as "convinções" 26
3. Os outros 55

II. Diversos
Radicais de ocasião 83
Feitos da burguesia 95
O congresso dos escritores 107
A verdade da repressão 113
Integralismo = fascismo? 119
Raízes do Brasil 135
Clima 153

Notas bibliográficas 171

I.
Teresina e os seus amigos

Cartão-postal enviado a Teresina em novembro de 1912, mostrando a face posterior do castelo-forte Rocca, dos condes Sanvitale, na aldeia de Fontanellato, perto de Parma.

Sala de armas da Rocca. Cartão-postal enviado a Teresina, em fevereiro de 1900, por Guglielmina Sanvitale, marquesa Montecuccoli degli Erri, apelidada Mina.

I.
Crônica inicial

Fontanellato

Quando se pensa no ambiente carola e conformista em que Teresina nasceu e foi criada, só mesmo lembrando a sua personalidade vulcânica é possível entender como pôde mudar tão essencialmente as ideias na quadra dos trinta anos.

Teresa Maria Carini nasceu em 27 de agosto de 1863 na aldeia de Fontanellato, na recente província de Reggio-Emilia do recente Reino da Itália, à sombra de um famoso castelo feudal, a Rocca dos Sanvitale, família de alta nobreza (da qual a sua era dependente) que na Idade Média se alternou com outras no governo de Parma. Quando ela nasceu o chefe da casa era o conde Luigi Sanvitale, casado com a princesa Albertina Montenuovo, filha "legitimada por matrimônio subsequente" de Maria Luísa da Áustria — duquesa soberana de Parma até 1847, ex-mulher de Napoleão I — e de Adalberto, conde de Neipperg (Neipperg = Neuperg = Neu Berg = Monte Novo).[1] Na cidade de Parma os Sanvitale possuíam um palácio enorme de 365 peças, que no fim do século XIX doaram para um educandário feminino.

---

[1] Por aí se vê que Albertina era meia-irmã de Napoleão II e prima-irmã de três imperadores, sobrinhos de sua mãe: o nosso Pedro II, Francisco José da Áustria e Maximiliano do México.

Cartão-postal enviado a Teresina em março de 1902,
mostrando um dos quartos da Rocca.

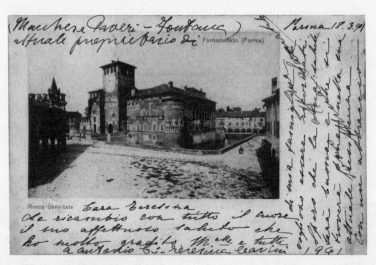

Cartão-postal enviado a Teresina em março de 1901, por Mina Sanvitale,
mostrando a frente da Rocca, vista da praça principal da aldeia,
onde ficava a casa da família Carini.

Cartão-postal mostrando a Galeria dos Retratos da Rocca, enviado a Teresina em junho de 1902, pelo conde Giannino Sanvitale.

Os pais de Teresina foram o engenheiro Anacleto Carini, nascido na mesma aldeia, administrador dos bens dessa família, e sua mulher Virginia Pasquale. Antes dela o casal tinha tido dois filhos, que seriam depois o general Camilo Carini e o agrônomo Gino Carini.

Quando a mãe morreu Teresina era muito pequena e a avó, bastante severa, veio tomar conta da casa, que ficava na praça central da aldeia em frente da Rocca. Ela cresceu num mundo provinciano e aristocrático, entre parentes, alguns dos quais ainda eram meio camponeses e nobres já descrentes do seu status. "Nós outros nobres não prestamos mais para nada e devíamos desaparecer", dizia com amargura o seu malungo Giannino Sanvitale, que passando da ideia ao ato casou mais tarde com a governanta dos sobrinhos e foi o último varão da estirpe. Ele tinha duas irmãs mais velhas: Guglielmina, casada com o marquês Montecuccoli degli Erri, e Albertina, que casou com o marquês Paveri-Fontana e herdou a Rocca. Eram filhos do conde Alberto e da condessa Laura Malvezzi de Medici, sendo netos dos referidos conde Luigi e princesa Albertina. Perto dessa gente Teresina se formou, rezando o terço, tricotando para os pobres, bordando colchas, pintando aquarelas, desfiando casos de família, — orientada para temer a Deus e ao Soberano, cujos representantes todo-poderosos em casa eram primeiro o Pai e depois o Marido.

Ela contava que os Sanvitale eram "emparentados" com muitos reis da Europa e descendiam de São Luís; e que no castelo havia uma quantidade de retratos dos *antenati* e brasões (inclusive as flores-de-lis de França) esquartelando os costados pelos tetos e paredes. Periodicamente era permitida visita pública, servindo de guia um porteiro iletrado que dizia as maiores barbaridades. Na Galeria dos Retratos explicava sumariamente: "*Tutti Sanvitale*". Passavam à Sala de

O pai de Teresina, engenheiro Anacleto Carini.

armas e depois à saleta decorada por Parmigianino, que viveu tempos no castelo no decênio de 1530 sob a proteção do conde da época, antes de se retirar com alguns discípulos para o isolamento de Casalmaggiore. Era (e é) uma série de afrescos representando a lenda de Diana e Acteon, com figuras mitológicas nuas ou seminuas diante das quais embasbacavam os visitantes, em geral gente modesta, perguntando quem eram. E o guia: "*Tutti Sanvitale*". Mas estes também, despidos assim? Sim, senhor, estes também: "*Tutti Sanvitale*". Esta era umas das lembranças mais divertidas de Teresina, que em menina costumava espreitar as visitas junto com as *contessine* para ouvirem a generalização pitoresca do porteiro. Pela vida afora morria de rir quando falava nisso e costumava usar a frase para englobar coisas insólitas.[2]

Era muito ligada ao pai, que morreu relativamente moço de um câncer na garganta no último dia do ano de 1889, causando nela um sofrimento desesperado e inconformado que a seguiu pela vida afora. Tinha 26 anos e os irmãos mais os condes, querendo resolver a sua situação e, segundo ela, descartar-se de responsabilidades, arranjaram o seu casamento com o violoncelista Guido Rocchi, que tinha por ela um velho amor. Casaram. E os condes, que seu pai servira com dedicação a vida toda, deram de presente quinhentas liras, — fato que Teresina comentou sempre com mágoa.[3]

---

[2] Sobre os importantes afrescos de Parmigianino na Rocca, ver: Enrico Bodmer, *Il Correggio e gli Emiliani*. Novara: De Agostini, 1943, p. XXVI. No mesmo livro, p. XXVIII, são analisados dois retratos admiráveis devidos a ele: um conde e uma condessa Sanvitale, atualmente no Museu do Prado, de Madri.   [3] Depois de casada o seu nome oficial era Teresa Maria Carini Rocchi. Ela própria usava sempre o diminutivo como nome, assinando Teresina Carini, Teresina Rocchi ou Teresina Carini Rocchi. No Brasil as pessoas a chamavam dona Teresa, dona Teresina ou dona Teresinha.

No verso da fotografia Teresina escreveu:
"Poços, 14.5.48. Arturo Toscanini, 1º diretor de orquestra da Itália,
e, talvez, do mundo. Nascido em Fiorenzuola d'Arda, Emilia,
em 23 de março de 1866".

Teresina no começo do século XX.

Música e Brasil

Rocchi, nascido em 1865, era discípulo amado de um tio dela, o conhecido maestro Leandro Carini, professor de violoncelo no Conservatório Real de Parma e malvisto a certa altura pelo amor intransigente à música alemã, que parecia impatriótico naquele tempo de unificação recente da Itália contra o ocupante austríaco. O outro aluno querido era Arturo Toscanini, nascido perto de Piacenza em março de 1867. O maestro os reunia meio secretamente para tocar Beethoven numa espécie de conspiração e eram chamados *"i tedeschi"*.

Depois de casados foram morar em Milão, onde Rocchi tocava na orquestra do Scala. Teresina observava com curiosidade um jovem vizinho, bonitão e cabotino, com uma argolinha de ouro na orelha e uma meia verde outra vermelha, que tocava no piano uns trechos de música fácil que ela acabou decorando. Certo dia acompanhou o marido ao Scala para a estreia da ópera *Cavalleria Rusticana*, que acabava de ter em Roma um lançamento espetacular. Reconheceu então os tais trechos e viu que o flamante vizinho era Mascagni (mas sempre achou a *Cavalleria* uma droga).

Pouco depois o casal veio ao Brasil na orquestra de uma companhia de ópera que chegou no Rio em pleno dia de São Pedro, 29 de junho de 1890. Soltavam foguetes, havia fogos e bombas por todo o lado e ela achou que isso era um traço local de selvageria, — sentimento que manteve até morrer, esbravejando contra o abuso português e brasileiro do foguetório.

Ficou também chocada com os maus modos do público, que não respeitava os artistas e pateava por me dá aquela palha (do lado brasileiro isso era considerado sinal de requintada exigência...). Noite após noite observava indignada umas mocinhas, que de um camarote de boca jogavam moedas de cobre na careca do tocador de bumbo. Belo país!

E ainda pior foi a febre amarela, que dizimou quase toda a companhia, mais a orquestra. Quando contava essas coisas, Teresina evocava o que acontecera no Rio quatro anos antes da sua chegada, 1886, quando surgiu uma oportunidade inesperada e cheia de consequências futuras para o amigo Toscanini, violoncelista obscuro de dezenove anos, que sabia de cor uma quantidade de partituras. Como o diretor de orquestra se demitira e o empresário não sabia o que fazer, numa noite de representação da *Aida*, Toscanini, empurrado pelos colegas, assumiu a batuta e regeu com perfeição e grande aplauso, continuando a reger o resto da temporada.

(Em 1940 Teresina ouviria a transmissão pelo rádio dum concerto dele, já glorioso, na cidade onde tinha começado por acaso a carreira de regente. Era 13 de junho, três dias depois da Itália entrar na guerra, e ela viu na coincidência um paralelo dramático. De uma reflexão que escreveu a respeito no seu caderno transcrevo o seguinte:

> Não posso explicar a comoção experimentada, de muito prazer e muita dor! [...] a fatalidade quis que ele empunhasse a batuta de regente excelso quando um monstro, também italiano, empunhava a espada para massacrar os seus irmãos. [...] Toscanini e Mussolini: a vida e a morte.[4]

Nunca mais tinha visto nem reviu o amigo Arturo, do qual recebia notícias e recados pelo seu primo e fiel correspondente Gino Nastrucci, que foi o *violino di spalla* predileto do maestro enquanto este viveu na Itália.)

Voltando a 1890 e ao fio da meada: os Rocchi não tinham apanhado a doença, apesar de Teresina se haver dedicado como

---

[4] Salvo indicação contrária, os escritos de Teresina e seus parentes que aparecem em português são traduzidos por mim do italiano.

enfermeira dos patrícios até à exaustão; a situação econômica do seu país era de crise; houve umas ofertas locais e eles resolveram ficar por uns tempos. Mas ficaram a vida toda e nunca mais viram a pátria. Moraram em Santos, depois compraram na zona de Iguape, em Pariquera-Açu, uma fazenda que os ocupou alguns anos; mais ela do que ele, porque ele frequentemente a deixava lá sozinha. A seguir vieram para São Paulo, antes de 1895. Em 1906 Rocchi participou da fundação do Conservatório Dramático e Musical, onde foi sempre professor de violoncelo. Há um ótimo retrato do corpo docente em 1922, ele perto de Mário de Andrade, baixo e retaco, com a sua cara chamejante de tirano do Renascimento (mais tarde, deixando crescer bigode e cavanhaque, ficaria parecido com Trótski).

Ele e a mulher tinham o culto de Beethoven e em geral preferiam a música alemã; da italiana, os instrumentistas dos séculos XVII e XVIII, pouco estimados na época. (Quando fundou o seu próprio conservatório, que funcionava no começo da rua da Liberdade, Rocchi lhe deu o nome de Benedetto Marcello.) Em matéria de ópera Teresina gostava em geral das leves e cômicas, de Pergolesi, Mozart, Cimarosa, Rossini, Donizetti; gostava muito de Wagner e parte de Verdi. E achava as óperas do verismo "uma música vil".

O casal mal afinado

Marido e mulher tinham gênio forte e, apesar dos pontos de afinidade, muita diferença difícil de compensar. Ela estava sempre lendo e escrevendo, procurando conferências, se interessando pelo movimento das ideias; e afinal adotou as convicções socialistas com uma paixão que o marido não entendia. Ele não lia nada nem se interessava por política, o que a fazia comentar: "Rocchi é uma celebridade; mas tem a cabeça cheia de serragem com umas notas de música pelo meio".

"Celebridade" para ela queria dizer alta competência; e de fato tinha pelo marido como músico a mais profunda e aliás justificada admiração.

Em São Paulo acompanhou os movimentos radicais desenvolvidos a partir do fim do século XIX, participando da fundação de ligas, da promoção de conferências, do apoio às escolas operárias e aos movimentos grevistas, interessando-se muito pela emancipação política e intelectual do seu sexo, a cujo respeito gostava de mencionar uma frase de

Grupo fotografado em 1922 na frente do restaurante Trianon, na avenida Paulista, onde é hoje o Museu de Arte de São Paulo, depois do almoço em homenagem a Mário de Andrade, por motivo da sua nomeação como professor do Conservatório Dramático e Musical de São Paulo.
Da esq. para a dir.: 1º maestro Antônio Carlos; 4º maestro Rocchi; 5º Carlos Alberto Gomes Cardim, diretor; 6º Mário de Andrade; 7º maestro João Gomes de Araújo; 8º maestro Samuel Arcanjo; 9º maestro Carlino; 10º maestro Wancole.

Zola, traduzida para o italiano: "*Dalla donna, e per la donna verrà fatta la società futura*". Foi amiga e companheira de luta de socialistas, anarquistas e sindicalistas-revolucionários, italianos e brasileiros, como veremos adiante. Era figura obrigatória nas reuniões operárias, nas sessões culturais populares, nos movimentos reivindicatórios e de solidariedade, mas também nas conferências, cursos e concertos da burguesia. A sua casa era frequentada pelos correligionários e a gente da música, inclusive o maestro Antônio Carlos Ribeiro de Andrada Machado e Silva Júnior, que quando aparecia suscitava sempre a mesma brincadeira de Rocchi: "*Non c'è posto per tanta gente!*". Meio filho do casal era o futuro e eminente violoncelista Alfredo Gomes (participante em 1922 da Semana de Arte Moderna), sobrinho do autor d'*O Guarani* e filho do maestro Santana Gomes, que compôs a ópera *Semira* e o prelúdio da *Pastoral*, peça de Coelho Neto. Alfredo morou com eles muitos anos, desde menino, como discípulo de Rocchi, de cuja severidade Teresina o defendia.

Pela altura de 1910 ela resolveu se separar do marido, que nunca amara propriamente e lhe dera motivos para esta decisão, facilitada pela circunstância de não terem filhos. Foi então para Poços de Caldas a conselho de um bom amigo do casal, Francisco Escobar, o companheiro de Euclides da Cunha, musicólogo e pianista amador, homem de ideias avançadas e grande cultura, que era prefeito da cidade e depois foi senador estadual.

Rocchi não se conformava muito com a separação e também foi para Poços depois de uns tempos. Viveu lá intermitentemente, acabando por lá morrer pela altura de 1940 pouco mais ou menos. Ela nunca mais o quis ver, apesar das suas tentativas de reaproximação; mas de vez em quando se comunicavam por meio de cartas tempestuosas.

Na rua Rio de Janeiro ele construiu uma casa enorme encostada no morro do Itororó e dava aulas de teoria, piano, violino, violoncelo com uma dureza que ficou lendária. Eis a informação de um antigo aluno, o luterista Guido Pascoali:

> Rocchi (dividia) o seu tempo entre São Paulo e Poços de Caldas, a vida pacata e as belas mulheres. Amante de música, conhecedor de vários instrumentos, Rocchi também compunha óperas que ficaram inéditas. Sua casa era frequentada por músicos e crianças. Uns em busca de música, outros em busca de aventuras entre os inúmeros quartos e salas que compunham a casa do maestro, sempre em obras.
>
> Nessa época, conta Guido, meu irmão mais velho trabalhava como marceneiro para Rocchi, e eu aprendia violino com o maestro. Durante um mês, não saí da postura exigida: violino em posição, um livro debaixo do braço, mão pronta para dedilhar. Ele era duro e exigente. Depois de algum tempo, resolveu passar a lição adiante: *Guido, tira l'arco*. Imediatamente, eu tirei o arco e coloquei sobre a mesa. O maestro deu um berro: "*Animale!*". Assustado, larguei também o violino e saí correndo, encerrando aí a minha carreira de violinista.[5]

Quando Rocchi morreu, uns dez anos antes dela, Teresina chorou muito e o fez sepultar num terreno que comprou e onde também foi enterrada.

---

[5] Entrevista publicada na "Revista de Domingo", *Jornal do Brasil*, ano II, n. 70, 7 ago. 1977. Como se sabe, em italiano o verbo *tirare* significa "puxar".

Teresina em Poços de Caldas, 1932.

2.
O ser e as "convinções"

Retrato falado

Era magra, de estatura média, com um cabelo alourado que custou a embranquecer. Tinha olhos azuis abertos e redondos, exprimindo de maneira incrível os matizes de um espírito trepidante. Na Itália e aqui pensavam frequentemente que fosse inglesa, talvez também por causa da originalidade da sua aparência, desde o corte da roupa até os acessórios fora de moda, tudo dentro de um bom gosto modesto e pessoal: luvas ou *mitaines*, chale preto estampado, touca de renda ou crochê, capa de seda preta, a alta sombrinha antiga, os broches raros, a bolsa de pano e no inverno polainas de lã. Era esticada, cuidada, de andar miúdo e ligeiro, muito ativa, lidando sozinha na casa, escrevendo com abundância cartas e reflexões, lendo sempre até meia-noite passada. Depois dormia tranquilamente e acordava tarde.

Vivia com pouco, inteiramente de um dia para o outro, ensinando tricô, italiano e francês. Protegia e ensinava de graça a muita gente, dava sem hesitar o que tinha a quem pedisse ou precisasse, mesmo ficando sem nada. Amanhã, veremos.

A casa onde morava tinha também um ar original e raro, cheia de sofás e *poufs* de cretone estampado, lâmpadas pintadas (inclusive uma com as quatro estações), móveis antigos, uma espécie de panóplia de veludo crivada de fotografias e postais,

Endereçamento de cartão-postal enviado a Teresina, em junho de 1902, pelo conde Giannino Sanvitale.

Teresina com uma jovem amiga no campo de aviação de Poços de Caldas, pela altura de 1934 ou 1935.

livros e mais livros, embora nunca em proporção ao volume das suas leituras. Ela achava que livro era feito para circular e passava adiante os que comprava ou ganhava, depois de lançar na margem as suas impressões. Mas nunca se desfazia de alguns, sobretudo os de Leopardi, que era a sua maior paixão literária.

De certo modo a casa refletia a sua vida através dos objetos que assinalavam a passagem do tempo: pastas brasonadas da Rocca, autógrafos dos amigos, dedicatórias de artistas, álbuns de postais, recordações de camarim e sala de concerto, objetos do sertão, manifestos radicais, jornais e revistas de todas as épocas. No quintal havia os temperos da sua culinária emiliana e muitas flores: além das violetas de vário tipo, lírios-roxos, ervilhas-de-cheiro, espirradeiras (ou, como preferia dizer, *giaggioli*, *pois de senteur*, *lauriers roses*). E dela se desprendia sempre um vago cheiro de flor.

Às vezes alugava um ou dois quartos a pessoas com as quais estabelecia relações complicadas, começando em geral por achar que eram anjos e acabando por enxotá-las como demônios depois de uma urdidura de suspeitas, coroada não raro pelo calote do inquilino. Certa vez eu tive que passar muitos dias em Poços, um ano antes dela morrer, lutando para desalojar um deles, que alegando não ter aonde ir se recusava a dar o fora, o que só foi possível eu alugando uma pequena casa para acomodá-lo com a família. Mas dois meses depois ela recebeu outro, apesar do trato que fizera comigo de não reincidir, e recomeçaram os problemas...

Prestava muita atenção no olhar, que lhe servia de elemento para formar juízo. Um dos mais terríveis na sua escala era — "*occhi da delinquente*", que procurava associar ao fascismo e aos costumes *livres* ("um porco!", exclamava a respeito deste aspecto). Inversamente, quando admirava alguém supunha nele um comportamento de tipo puritano, o dom das línguas e tendência de esquerdas: "Um puro; não vive 'inamorando', sabe quatro ou cinco idiomas e creio que tem ideias socialistas", ou "creio que é anárquico".

Tinha sempre pelo menos um gato. Gostava muito deles, como de todos os bichos, negava indignada que tivessem pulgas e lhes emprestava intenções sutis, comentando-as com entusiasmo. "O meu gato é antifascista", disse um dia entre séria e risonha. "Mas como a senhora sabe?" Ela respondeu:

> Os animais são inteligentes; é científico. Ontem eu perguntei: "Gatinho, Mussolini é bom?". Ele fez que não com a cabeça. Então perguntei: "Gatinho, Mussolini é um salafrário?". Ele fez que sim duas vezes com a cabeça!

Certa vez uma amiga encontrou numa das suas gavetas um pacote com a seguinte nota: "*Unguini e baffini dei miei gattini morti*" ("Unhazinhas e bigodinhos dos meus gatinhos mortos").

Contadas assim essas coisas parecem pitoresco e nada mais. Na verdade eram marcas de uma personalidade extraordinária, cheia de inquietude, ardor e bravura, fremindo de inteligência e generosidade. Era igualitária por natureza e dizia que foi socialista mesmo antes de ter noção da realidade política, porque desde pequena teve a maior repugnância pelas injustiças da sociedade. Ficava perplexa com a pobreza dos camponeses e magoada porque não tinham casa como a sua, querendo dar a eles tudo que lhe davam, revoltando-se contra as distinções de categoria. Na igreja, vendo os condes no alto cadeiral da frente, eles atrás e no fundo o povo miúdo, perguntava ao pai ou à avó: "Mas por que não sentam todos juntos?".

Nela o sentimento da igualdade era visceral, e provavelmente nunca *sentiu* entre os indivíduos as diferenças de classe que *reconhecia* e combatia. Tratava com a mesma naturalidade os coitados mais humildes e as veranistas grã-finas que iam vê-la por curiosidade ou pela fama do seu tricô. Convidava pobres e ricos para sentar à mesa, ao mesmo tempo se coincidisse, oferecia polenta caso fosse hora do almoço, falava da Rússia, de música e das novidades com o tom adequado. Um dia uma pessoa que foi visitá-la encontrou-a instalada entre a mulher do presidente da República e o tio Pedrinho, preto velho rachador de lenha, feio como a necessidade, que estava almoçando com ela. Para ela não havia abismo e nem mesmo frincha entre a concepção e a conduta. Era um bloco intransigente e vigoroso, mas cheio das instabilidades de um temperamento apaixonado. Passava sem transição da raiva à ternura, fuzilando ou amansando os olhos, invectivando com aspereza ou acariciando com a sua voz meio plangente; mas também chorando de rir das coisas engraçadas. Deve ter sido sempre assim, se assim ficou até o fim da vida; e quando morreu com quase noventa anos guardava muito do corte inicial de menina da aldeia e do castelo.

De certo modo ficou marcada pela aldeia e o castelo. Intransigente até à incompreensão e à dureza em matéria de moral, era ao mesmo tempo requintada e franquíssima. Sabia os velhos jogos de sala, obedecia nas relações a uma etiqueta sóbria e natural, sentia-se à vontade em qualquer meio, entoava ou cantava trechos de ópera, concertos, quartetos, hinos com uma voz afinada e frágil, dançava minueto, quadrilha, valsa com precisão de figurinha mecânica, cortejava com a maior graça, cozinhava, lavava, plantava, cosia, ia ao açougue, brigava com os moleques, descompunha quem maltratasse animais na sua frente.

Lia com bastante indiscriminação, numa fome voraz de palavra impressa. Em literatura já vimos que o seu autor predileto era Leopardi, que repassava todos os dias. Mas gostava de vários outros, — italianos, franceses, russos, — clássicos e modernos, entre os quais Stendhal, cujos livros comentava com

Teresina em Poços de Caldas, anos 1940.

Teresina em Poços de Caldas, meados dos anos 1940.

minha mãe em confabulações frequentes. Talvez por causa da sua cidade de Parma preferia a *Chartreuse*, que relia sempre, dizendo risonha e tolerante de Fabrício del Dongo, como se fosse pessoa viva, que era um padreca finório: *"Quel prettino è un furbo!"*. Em matéria de pintura tinha pouco discernimento e uma espécie de sensibilidade por associação. Por exemplo: como gostava da peça de Giacosa *La Partita a Scacchi*, achava linda uma duvidosa oleografia que tinha na sala representando a cena culminante. (Além disso Giacosa manifestara apoio ao socialismo...)

A quantidade de poesia que sabia de cor era incrível. Recitava com a escansão cantada dos velhos tempos poemas inteiros de Leopardi, os trechos clássicos da *Commedia* e da *Vita Nuova*, cenas de Alfieri, pedaços de *Il Giorno* de Parini, *I Sepolcri* de Foscolo, sonetos de D'Annunzio, muito Carducci, Pascarella, Trilussa. E mais uns inverossímeis poetas menores e mínimos, como o árcade setecentista Luigi Fiacchi, vulgo Clasio, do qual gostava de citar aos meninos uma versalhada sentenciosa que se bem me lembro começava assim:

Colui che nella verde età trascura
Di lodato sapere ornar la mente,
Quand'è giunta per lui l'età matura
D'aver perduto un si gran ben si pente.

Sem contar a fieira dos cânticos socialistas e anarquistas, como "Guerra alla guerra" ou o "Inno dei lavoratori", este com letra de Filippo Turati:

Su fratelli, su compagni,
Su, venite in fitta schiera,
Sulla libera bandiera
Splende il sol dell'avvenir!

Teresina em Poços de Caldas, 1948.

Ser socialista

Mais do que tudo, porém, era revolucionária, do pano onde se cortam as Louise Michel, as Vera Zasulitch, as Rosa Luxemburgo, isto é, as que pertencem a certa categoria de santidade da revolução.

Não foi grande militante e não marcou o seu tempo, nem mesmo na escala modesta dos companheiros de luta em São Paulo, nos primeiros anos do século. Mas foi excepcional pela maneira por que vivia em cada instante as suas ideias, sentindo e praticando em relação ao próximo a fraternidade igualitária que elas pressupõem, e que permite fazer da vida uma tentativa de superar o egoísmo, o preconceito, o gosto da dominação, o apego aos bens materiais, a reverência pelos apoios grotescos da vaidade.

Teresina ilustrava de maneira admirável o que é "ser socialista", — aparentemente um paradoxo, porque em geral focalizamos no socialismo o pensar e o agir, enquadrados em organizações ou produzindo atos e obras especificamente políticos. Isto faz esquecer que devem existir também os sentimentos e a ética de um socialista. Ela passou a maior parte da vida fora da ação partidária, vivendo os últimos quarenta anos quase isolada politicamente numa cidade pequena. Talvez esta circunstância haja estimulado a densa precipitação de um "modo de ser", segundo o qual a revolução se torna concepção integral, iluminando e condicionando o pormenor dos atos e a tonalidade da vida. À sua maneira, foi portanto uma revolucionária, embora a mais complexa que se possa imaginar, englobando fraternalmente as ideologias do contra de Rousseau a Lênin. A sua grande força foi a coerência com que abrigou todas essas camadas sem fazer confusão, absorvendo dois séculos de pensamento libertador e outras modalidades que reinterpretava conforme este.

Argumentava contra o fanatismo com o *Maomé* de Voltaire, pela emancipação feminina com Mary Wollstonecraft, contra a miséria com Zola, pela fraternidade com Victor Hugo, contra a guerra com a baronesa de Suttner, pela união operária com Proudhon, contra o capitalismo com Marx, pela violência com Bakunin e pela cooperação com Kropotkin, contra Deus com Sébastien Faure, pela pureza da vocação com Romain Rolland. Como elementos de um mesmo sonho viviam nela simultaneamente os "princípios de 89", a revolução de 1848, a Comuna de Paris, os Mártires de Chicago, as greves, os atentados niilistas, a Revolução Russa.

Mais nutrida de Proudhon, Reclus e Kropotkin do que de Marx, embora sensível a diversos argumentos do marxismo; formada na tradição meio messiânica e libertária dos italianos, que vinha de Mazzini, dos positivistas radicais, das ligas operárias, — creio que poderia ser qualificada como uma espécie de anarcossocialista, para quem as aspirações veementes à libertação total do homem por meio da igualdade econômica e os milagres do saber eram uma força mais viva do que o desejo de sistematização teórica.

Talvez pudesse ser abrangida até certo ponto pela caracterização feita por Turati do pioneiro socialista Osvaldo Gnocchi-Viani, que

> era quase isento de necessidades materiais, alheio a toda vaidade pessoal mesquinha, profunda e constitucionalmente otimista, cândido como uma menina [...]. De Mazzini tinha rejeitado a filosofia religiosa [...] e as preocupações patrióticas dominantes. Mas do pensamento mazziniano ficara-lhe intacta a essência idealística, mística e sentimental, para a qual a questão social, em vez de ser um fato peculiarmente econômico e histórico, é o conjunto de todas as questões ideais que interessam à humanidade; é a consequência do pensamento humano

que se desenvolve aos poucos, e para o qual há uma questão cósmica [...], uma questão educacional, familiar, da arte etc.; e também, entre outras, uma questão econômica e uma questão operária, a das relações entre capital e trabalho; mas todas no mesmo nível, todas, diríamos, vinculadas entre si horizontalmente, mais do que geneticamente [...]. Daí o fato do materialismo econômico, alma e fundamento do pensamento marxista, lhe parecer uma teoria entre outras, uma verdade parcial entre as muitas verdades das quais é tecido o estofo socialista; e não como a chave da evolução da sociedade.[6]

Teresina achava que os anarquistas eram em teoria os mais coerentes e avançados, mas punha em dúvida a viabilidade dos seus ideais e os julgava demasiado crédulos, presa fácil dos provocadores infiltrados. Uma coisa no entanto a distinguiu a partir de 1917 de anarquistas e reformistas: o constante entusiasmo pela Rússia soviética, correspondente a uma grande confiança no seu papel histórico de redentora do proletariado mundial. A respeito costumava glosar assim uma frase que não sei onde desencavou: "*Napoleone diceva che nel secolo vinte l'Europa sarebbe tutta russa o tutta rossa; io credo che sarà russa e rossa*". E como não chegou a tomar conhecimento dos horrores do stalinismo, manteve sempre o regime soviético em boa posição no seu complexo ideológico, — mesmo porque tinha uma grande capacidade de sonhar com a realização dos ideais, como escreveu certa vez no caderno:

Os erros dos outros devem indicar o melhor caminho para nós seguirmos e... sonharmos... Vive-se melhor sonhando! Os sonhos

---

[6] Apud Piercarlo Masini, *Eresie dell'Ottocento: Alle sorgenti laiche, umaniste e libertarie della democrazia italiana*. Milão: Editoriale Nuova, 1978, p. 288.

e os ideais alegram a vida e a prolongam, porque nos mantêm fortes e esperançosos de um futuro mais belo. Entre eles haverá algum irrealizável... uma utopia... Mas que importa? A História da Humanidade diz que o culto de um ideal e de uma quimera é o *elixir da longa vida*, a pedra filosofal, em virtude dos quais um povo não morre. Depois de nós, alguém verá realizado o nosso sonho. Teremos tido o mérito de haver contribuído para essa realização. (janeiro de 1935).

Écrasons l'Infâme

Um dos ingredientes que argamassavam o referido complexo era certamente o anticlericalismo. Hoje, com a transformação da Igreja, vai ficando difícil imaginar o que era ele e sobretudo avaliar a sua força construtiva. Anticlericalismo ficou sendo uma espécie de subfilosofia meio ridícula dos "livre-pensadores", dos "amantes do progresso com ordem", dos rebelados contra coisa nenhuma. Mas se foi isso, foi também o primeiro grande movimento que desmascarou o que agora a própria Igreja procura superar: exploração da credulidade, pacto reacionário com as classes dominantes e esquecimento da justiça no cristianismo.

Os anticlericais do começo do século representavam por um lado um movimento pequeno-burguês de crítica, mas por outro entroncavam em muitos aspectos vivos dos interesses e reivindicações populares, formando uma espécie de fraternidade internacional entre republicana, maçom e socialista, sacudida aqui e ali pela virulência maior dos anarquistas. E muitos se consagravam a uma verdadeira cruzada, como a campanha de conferências de Everardo Dias pelo interior do país, reunidas no livro *Delenda Roma* (1921). Exemplo do tipo não revolucionário seria o panfleto *Os chacais* (1898), de Júlio Perneta, publicado em Curitiba.

Para alguns o anticlericalismo se combinava a uma estranha religiosidade laica, cheia inclusive de reverência por um Jesus interpretado como revolucionário e pelo próprio cristianismo visto como igualitarismo desvirtuado. Mas Teresina era dos que manifestavam uma irreligiosidade total, desabrida, baseada na convicção de que a religião era uma burla premeditada para desviar os incautos da verdade, o que a levava a negar que um padre pudesse ser honesto. Para seu uso, tinha feito um lema: "A verdadeira religião é — não ter nenhuma".

A respeito dessas coisas há uma carta de seu irmão mais velho, o general Camilo Carini, ao outro irmão, Gino, agrônomo que viera da Itália por uns tempos a chamado de Francisco Escobar organizar um posto zootécnico em Poços, onde viveu cerca de dois anos, se não me engano de 1912 a 1914. Gino deve ter comentado em cartas as suas restrições na matéria e as invectivas antirreligiosas da irmã, pois Camilo responde:

> Eu gostaria que Teresina, a propósito dos despropósitos contidos na tua última carta (despropósitos no sentido moral), me dissesse quem lhe garantiu que Jesus Cristo não era capaz de fazer uma mesa, embora fosse filho de carpinteiro. Mas serão estes argumentos elevados e adequados ao seu alto intelecto, para combater teorias tão debatidas por teólogos e filósofos eminentes? Olha, Gino, embora Deus não esteja sempre à nossa disposição para tudo que pedirmos, vê no entanto, e sê honesto ao pensar nisto, que ele não tem sido tão surdo às tuas preces e que te tem ajudado muitas vezes... Mas Teresina viveu por tantos anos num ambiente cético, positivista, pessimista mesmo, tendo contato com gente para a qual tudo é lícito, embora sem concessões, conservando-se limpa e intemerata. Por isso, nela se não é natural, é pelo menos desculpável

essa espécie de necessidade de reação. Ela do mundo só conhece a parte negra e tem uma vaga lembrança do belo e doce, que no entanto deve ter experimentado inicialmente no seio da família; por isso não sabe dobrar-se à persuasão de que Deus lhe quer bem, mesmo dando-lhe tantas amarguras; e embora culta e estudiosa, acha que a existência humana é uma simples excursão nesta terra. Oh! ela certamente leu todos os grandes filósofos materialistas e positivistas, de Spencer até Ardigò, e todos os poetas pagãos e céticos, de Leopardi a D'Annunzio e Arturo Graf etc. etc.; mas por que não lê também os filósofos e poetas igualmente numerosos e os grandes pensamentos contrários? Portanto, ela tem uma ideia preconcebida, não quer deixar-se persuadir, tem prejuízos, e não compreende que, militando teoricamente na falange dos anarcoides, o que ela própria pratica é, ao contrário, a virtude. Mas com que fim? Com que estímulo?... Ah! a consciência!... Eis a grande palavra vazia e abstrata, se não equivalesse àquela parte *divina* que se abriga em nós, que nos torna claramente distintos dos outros animais (mal designados assim), porque enquanto nós temos *Alma*, todos os outros só têm espírito vital; enquanto o homem é dotado de progresso, todos os animais, não; enquanto o homem sabe que teve um princípio e deve morrer, todos os bichos, não; enquanto o homem tem sede de luz, e tende a rasgar os véus que envolvem os numerosos mistérios que nos governam, eles só vivem do presente, sem ter necessidade de outra coisa.

A carta é de 1912 e deve ter despertado em Teresina o constante ânimo de controvérsia, mas parece que ficou sem réplica, como se vê pela seguinte nota: "Ainda não respondi! 4 de janeiro de 1916". O general tinha as suas letras, escrevia poemas, e o mais curioso é que era antimilitarista, dizendo que das suas condecorações só estimava a que recebera por dedicação humanitária no salvamento de vítimas do terremoto de Messina em 1908.

A carta mostra de um lado o teor primário de certos argumentos anticlericais que Teresina também veiculava, — como a incompetência do filho de carpinteiro... De outro lado mostra a retórica vazia dos espiritualistas convencionais.

Teresina admirava de fato o radicalismo humanista de Roberto Ardigò, o principal positivista italiano, que influenciou a orientação teórica do socialismo em seu país. A respeito dele manifestava sempre uma curiosidade não satisfeita: o filósofo fora padre e, segundo corria, perdera a fé contemplando uma flor. "Como terá sido? Por quê?" — indagava ela. Contava que Ardigò vestia uma espécie de levita preta e se suicidou dramaticamente aos 92 anos, em 1920, porque estava cansado de viver.

Militância e fascismo

Enquanto morou em São Paulo militou em movimentos políticos, mas em Poços de Caldas pouco podia fazer além de desabafar nas cartas e conversas com alguns amigos, ler incessantemente, tomar notas e praticar um certo proselitismo espontâneo, expansão da sua ardente sinceridade. Inclusive na craveira do pitoresco, como quando "batizou" em 1919 com um copo de vinho o filho de um correligionário, ao qual se deu o nome sedicioso de Spartaco. Mas quando havia oportunidade atuava como antes.

Poços, cidade balneária, sempre teve muitos hotéis e portanto muitos garçons, entre os quais socialistas e anarcossindicalistas que faziam alguma movimentação com outros trabalhadores. Foi o caso da Liga Operária Internacional fundada em 1914, talvez a primeira organização local desse tipo, quem sabe inspirada no Centro Socialista Internacional fundado em São Paulo em 1902; quando este se reorganizou em 1914, o seu secretário era Fosco Pardini, revisor do *Fanfulla*, que logo em seguida mudou para Poços. Pois no dia 11 de novembro de 1915 a Liga resolveu homenagear a memória dos trabalhadores executados em Chicago em 1886, numa sessão para a qual Teresina foi convidada a contribuir com uma alocução. Não podendo ir, mandou uma mensagem reveladora do seu socialismo ao mesmo tempo sentimental e pugnaz:

Ilmo. Sr. Presidente da Liga Operária Internacional.
Poços:
Impedida por motivo de saúde de falar na comemoração dos Mártires de Chicago, que a Liga Operária promoveu, mando a minha adesão, com a esperança que seja, tanto quanto possível, digna da data que hoje se comemora.

Não sou operária, e mesmo que fosse não poderia fazer parte da Liga, pois desgraçadamente as mulheres são excluídas dela; mas sempre fui e permaneci simpatizante do movimento operário, sempre que este represente, como no caso, o início de uma luta civil que os operários combatem no mundo inteiro pelo direito à existência.

Alegro-me de que nesta pequena cidade se comece a sentir necessidade de uma organização operária, e faço votos para que ela possa ampliar-se e atingir os desígnios para os quais foi fundada.

Para conseguir isso, convém que cada indivíduo compreenda o alvo comum da organização e ponha de lado o seu interesse particular. Valha o exemplo dos Mártires hoje comemorados, que deram a sua vida em holocausto para fazer compreender a sua ideia de justiça social e morreram alegres, sabendo que foram compreendidos, certos de que a sua morte deixava deles uma lembrança indelével no coração do povo do mundo inteiro.

Depois deles, milhares de outros morreram pela mesma causa, muito maior do que aquela pela qual morrem hoje milhões de proletários na Europa, isto é, para mudar a carta geográfica!![7]

Aqui, porém, não se trata de morrer, mas de comer e viver melhor!

Plebe miseranda, esfarrapada, desprezada... [ilegível]... inerte, dolorosa, esfomeada, em busca de trabalho, e não o acha, e se acha é mal recompensada. Essa plebe faz tudo, produz tudo e nada aproveita, e não tem pão nem teto!

Os ricos e felizes passam em carruagens esplêndidas pelas ruas e gastam o seu dinheiro não suado em luxos e prazeres sem fim! Por que tanto desequilíbrio? De quem a culpa?

É do próprio povo. A massa obscura e no entanto necessária dos trabalhadores sua... [ilegível]... o físico num trabalho superior às forças e não consegue manter as suas famílias. Ela é inconsciente!

Os que produzem tudo se prejudicam ainda uns aos outros, porque não sabem que se estivessem de acordo estariam melhor. Eles não sabem que a força da organização será a alavanca poderosa que os há de conduzir ao nível dos que os mantêm submetidos.

Que a organização operária caldense possa crescer, desenvolver-se, ser o início de uma futura grande Liga de Educação Operária, para a obtenção das legítimas finalidades que se propõe. Viva o povo trabalhador. Viva a Liga Operária Internacional.

A retórica afetiva dessa mensagem mostra o teor do socialismo de Teresina, que abrangia a confiança no poder da instrução e o senso da fraternidade como "promoção" do indivíduo, definindo uma posição de tipo humanitário; mas ao

---

[7] Teresina alude ao morticínio da Primeira Grande Guerra, que estava então no seu segundo ano.

Manuscrito de Teresina de 1946. Trecho de uma carta em que deblatera contra os cantores fascistas Beniamino Gigli e Tito Schipa, indignada com a boa acolhida que este teve no Brasil, depois da guerra.

...nna dopo... un loro
...ate folte a schip-
-schifi, perchè mio
...in Italia per me chi-
...iamo, e ulo sais che
possono indicare alle
...uale colla repubblica
...ccia aperte. Vedi cose
...litiche? Perchè non
...ta e si astiene di dare
...n buonitaliano, e
...un giorno lo fischie-
...sidente dell'Italia!
...ingenui troppo e i sa-
...e il nido e poi
...e poi... ma bisognino
...ndato in Italia i sol-
...se sapessi, scrivemi

Ill.mo S. Presidente della
Lega Operaia Internazionale

Impedita, per motivi di salute
ad intervenire alla com. e dei
Martiri di Chicago, che la Lega
Operaia à indetta, mando la
mia adesione, colla speranza che
l— e riesca, per quanto è pos-
sibile, degna della data che si com-
memora oggi.

Non sono operaia, nè, essendolo,
potrei far parte alla Lega, perchè,
sfortunatamente, le donne ne
sono escluse; ma fui sempre e
sempre rimarrò simpatizzante del
movimento operaio, quando questo
rappresenti, come nel caso attua-
le, un inizio di una lotta civile
che gli operai combattono in tutto
il mondo, pel diritto all'esistenza.

Sono lieta, che in questo pic-

Manuscrito de Teresina datado de 1915. Trata-se da primeira folha de sua cópia da mensagem à Liga Operária Internacional.

mesmo tempo a convicção de que a chave está na luta organizada e sem trégua.

Na mensagem aparece também a importância que Teresina atribuía, para o advento do socialismo, a sacrifícios como o dos operários de Chicago. Nessa ateia intransigente, era uma convicção de teor quase místico, como transparece de um comentário que fez quase vinte anos depois do seguinte trecho de Balzac: "De todas as sementes esparzidas na terra, o sangue vertido pelos mártires é a que dá uma colheita mais certa".

E ela:

Assim é e assim deve ser! Desejo isto para a minha Pátria e para todas as pátrias do mundo, onde houve e há mártires que sofreram e sofrem, que morreram e ainda morrem, em pleno século XX, vítimas dos tiranos.

Ao bater da meia-noite de 31 de dezembro de 1935.

A mensagem à Liga manifesta ainda um dos seus sentimentos mais profundos: o horror à guerra, que estava desencadeada na Europa, onde ia inclusive causar a morte de um filho do seu irmão Camilo, o tenente Anacleto Carini, rapagão de bela estampa que era oficial de um corpo de elite e caiu à frente dos seus soldados numa carga de cavalaria. Teresina nunca viu os sobrinhos, mas gostava muito deles pela correspondência que trocaram sempre, com envio de retratos e detalhes sobre os acontecimentos familiares. Isso, apesar de sentir-se tragicamente isolada como a única socialista de uma família conservadora.

Depois da guerra surgiu como fato novo o fascismo, que no começo desnorteou muita gente de esquerda. Um velho comunista italiano de Poços, que fora militante socialista desde a mocidade, dizia que durante algum tempo ele e outros pensaram tratar-se de um tipo diferente de socialismo radical. Não sei qual foi a reação de Teresina naquela altura; quando a conheci em 1931 era tão violentamente antifascista que nunca me ocorreu pudesse ter tido qualquer dúvida a respeito.

Dos seus irmãos, o general não aderiu e logo pediu reforma: mas o outro, Gino, se tornou fascista entusiasmado. Numa carta enviada de sua bonita casa de Salsomaggiore em 24 de outubro de 1922, e que vale como documento histórico, narrou fatos expressivos do fascismo inicial, que ainda não tinha mostrado o corpo inteiro, mas já deixava claro o perfil truculento. Pode-se supor que uma informação como esta tenha ajudado Teresina, por contragolpe, a avaliar bem cedo a sua verdadeira natureza:

[...] Não sei como interpretam no Estrangeiro o movimento fascista. Por via das dúvidas, sou também vereador do distrito de Salso, cargo que me dá muito que fazer. Doravante o bolchevismo está derrubado e não se correm mais perigos graves, mas houve época em que para ser fascista era preciso ter tutano, o que aliás nunca me faltou. Os comunistas nunca enfrentaram um fascista; nem mesmo três contra um, mas só quando eram uns cem. Naquele tempo, se passava um fascista isolado, eles o massacravam barbaramente e chegaram até a queimar fascistas vivos, ou a fervê-los nas caldeiras de aço líquido. De emboscadas então, nem é bom falar. Cada moita era um perigo. Até que os fascistas espalharam grupos de vigilância que desentocaram cada esconderijo com tiros de revólver. Os jornais não contam como as coisas são. Cada partido as conta em benefício próprio e esconde a podridão, que existe de todos os lados. Quando surgiu, o fascismo foi obrigado ele próprio a utilizar malfeitores, que se aproveitaram para roubar, fazer atos ilegais; mas agora a *novorra* foi eliminada e já existe na Itália, enquadrado, militarizado, 1 milhão de camisas pretas. Se você visse com que disciplina marcham e obedecem aos chefes! O próprio exército nacional não é tão bem disciplinado; depois, é composto[8] dos elementos mais corajosos e dispostos a tudo, a ponto de se imporem ao governo. Quando passarem esta juventude no cinema, vá ver e terá uma pálida ideia. *Queiram ou não, os fascistas salvaram a Itália do bolchevismo e da fome*. Agora veremos o que vão fazer quando estiverem no governo.[9]

Adiante conta estrepolias de um parente sexagenário e viúvo, que deram lugar a uma complicação curiosa, meio policial e meio política:

Ele tem na sua propriedade um pequeno harém que devora o que possui. Um velho de 63 anos e que mantém consigo seis moças, imagine você... É um escândalo e é ridículo. No mês passado, como tinha ódio a um rapaz que fazia a corte a uma das suas empregadas, sabe o que fez? Mandou chamar dois malfeitores inscritos no *fascio*, armou-os com espingardas e os açulou contra a família do moço, que eles agrediram de noite na própria casa, com o pretexto de que eram católicos, contrários ao *fascio*. [...] O fato é que o moço católico, que foi combatente, enfrentou os dois pseudofascistas e atirou num deles, quebrando-lhe o braço esquerdo. Então os dois heróis e mais F., que supunham inerme aquela família, vendo que, ao contrário, atiravam para valer, fugiram e se refugiaram na casa dele. O ferido foi transportado para o hospital e vai deixar lá o braço. F., que perdeu duas espingardas de 1900 liras, terá de sustentar o fascista no hospital e de sofrer um processo como mandante do crime. Por motivos políticos, os

---

8 Entenda-se, o milhão de fascistas.   **9** Quando Teresina recebeu a carta, Mussolini já estava no poder, onde chegou no dia 31 de outubro de 1922.

padres pagam os advogados para o moço que se defendeu legitimamente na própria casa.

Este episódio e as opiniões do velho burguês tranquilizado pela *ordem* dos camisas pretas refletem com sabor o momento confuso e perturbado de que o fascismo emergiu, com áreas de franco banditismo e uma intensa *bourrage de crâne*.

Imagino que o fascismo teve para Teresina uma função de unificador de campo, isto é, atenuou no seu espírito os antagonismos entre as diferentes tendências de esquerda, que ela acabou encarando como um bloco, oposto ao que lhe parecia a encarnação do mal absoluto. Além disso, com o correr do tempo, à medida que envelhecia politicamente meio isolada numa terra pequena, ia fundindo quase como defesa essas tendências diversas, mesmo quando contraditórias, sem perder todavia o timbre revolucionário que foi sempre o seu modo de ver e de ser. Embora bastante lúcida e culta para estabelecer diferenças, criticar, expor as diretrizes respectivas, para ela anarquismo, comunismo, socialismo, anticlericalismo foram parecendo cada vez mais galhos do mesmo tronco, no fundo conciliáveis. Dividia o mundo em bons e maus; em amigos do progresso, da arte, da ciência, — e reacionários, clericais, obtusos. E afinal estes se encarnaram para ela no fascismo, que foi o seu longo espantalho; em Mussolini e depois Hitler, agentes do Mal.

Numa cidade cheia de filhos de italiano e de italianos, geralmente acomodados com o regime da mãe-pátria, foi longa, pertinaz, inflexível e apaixonadamente antifascista, deblaterando contra o *Fascio* local (Società Stella d'Italia — Mutuo Soccorso e Dopolavoro), contra a simpatia mussolinizante da burguesia e das autoridades, que gostavam de gabar as vantagens de "um governo forte". Falou, pregou, escreveu, se expôs durante vinte e poucos anos, até o dia em que o regime odiado caiu na sua terra e, afinal, ela viu as fotografias horríveis do *Duce* pendurado de cabeça para baixo. Delirante, tomou para comemorar uma quantidade irracional de mau vinho que fez questão de dar também ao gato. Mas estava velha, nunca mais lavou inteiramente a amargura antifascista e a pungência do horror à guerra, — apesar de ter saboreado a mudança, como se pode ver numa carta que me escreveu em 6 de junho de 1945:

> Ontem saí e soube algumas novidades de Poços. A primeira é que ocorreram diversas greves, que venceram: uma no Britador, uma das lavadeiras dos diversos hotéis e, parece, também no Quisisana! A outra novidade é que na velha sede da Sociedade Italiana (com perdão da palavra) houve uma reunião do Partido Comunista, e parece que tem quase *mil* aderentes. E pensar que aquelas paredes estavam *embebidas* de fascismo! Como os tempos mudam. Manterei você informado de tudo.

Dois ou três anos antes de morrer decaiu um pouco. Embora sempre lúcida, perdeu alguma coisa da atenção e da sequiosa curiosidade, desiludida e talvez desnorteada pelos acontecimentos que lhe pareciam difíceis de entender e custavam a caminhar para o milênio social, sonhado conforme os modelos otimistas do seu século XIX. Numa passagem de ano em plena guerra fria escreveu o seguinte no caderno:

> À meia-noite, 1946-47!
> Um outro ano! Como será? e que culpa terá a data, se a Humanidade é a única culpada de todo o mal que acontece? Muito triste também neste fim de ano, e sem esperança de outro melhor.

Ou, numa carta amarga de 14 de junho de 1948: "[...] estou no fim da minha carreira na terra, onde recolhi só *fiascos*. Para os outros será melhor, não é?".

No entanto, estava mais ou menos em forma, como tinha contado no começo de 1947 (ia fazer 84 anos), depois de relatar vários achaques penosos:

> [...] mas visto que até agora o meu organismo resistiu a tantas provações, espero sair vencedora também desta, pois até agora sempre conservei bom apetite, bom sono sem pesadelos e uma força de espírito e de memória verdadeiramente excepcional.

(Na mesma carta mandava cumprimentos a Edgard Leuenroth e contava que estava lendo Cícero com muito prazer.) Além disso, nunca perdeu a força de sentir e ter convicções (ou "convinções", como dizia) nem o interesse pela política, como se vê na carta citada de 14 de junho de 1948, escrita excepcionalmente em português, ou na língua mista que usava às vezes (o jornal mencionado é a *Folha Socialista*, da qual fui um dos redatores):

> Não recebi cópias do teu jornal: será que não saiu mais? É pena que tudo o que é necessário aos trabalhadores seja de tão costoso trabalho. Não sei ainda como acabou a greve dos ferroviários, mas sei que prenderam muitos e bateram neles nas prisões, e depois falam mal dos comunistas! Ah! que mundo injusto é este. Quando é que vem aqui? Mande notícias do movimento e faço votos que saia o jornal. [...] *Perdonami l'orrido scritto. Ti abbraccio affettuosamente e ti auguro la realizazione dei* nostri *ideali*.

(Ao Partido Socialista Brasileiro aludia no começo da carta como "o nosso partido".)

No final desse ano de 1948, reportando-se ao seu velho lema antirreligioso, citado atrás, comentava no caderno:

É com esta opinião e convicção que registro a data de passagem do ano 1948-49, à meia-noite em ponto. E nutro a esperança de que seja o último da minha já bastante longa vida, cuja única satisfação foi ter sempre pensado à minha maneira e não ter acreditado em nenhum ente superior.

E em 31 de dezembro de 1949:

Velha, só, doente e pobre, apeio de mais um ano, sem saber se será, finalmente, o último da minha vida! Comigo morrerão todos os sonhos de uma sociedade melhor, de uma humanidade melhor. As descobertas científicas mudaram, em pouco tempo, todos os ideais humanitários; e a bomba atômica se tornou o argumento preferido de todo chefe de Estado e o espantalho recíproco das Nações. Esperemos que seja, de outro lado, um motivo para não causar guerras... É o meu voto. Com muita tristeza deixo aqui o meu pensamento às 24 horas e meia.

Esses balanços que fazia pontualmente no fim do ano, mas também noutros momentos (porque vivia escrevendo e anotando), eram como se vê muito amargos, mostrando que os encontros finais consigo mesma serviam para expor toda a sua frustração. Mas muito antes, em fevereiro de 1935, a propósito de uma reflexão acerca das etapas da vida (que leu num livro sobre a prisão de Napoleão III na Alemanha) já comentava no caderno:

Quantas etapas fui deixando na minha vida: a da infância sem mãe, torturada pela tutela de parentes; outra etapa, a da juventude, abandonada a mim mesma, responsável por uma casa e uma família; outra, dolorosa, o caminho para o hospital com meu pai, deixando a casa onde nasci, para nunca mais voltar! Outra etapa, como parada breve, a casa do tio, para chorar e aguardar... Outra:

o casamento, a mudança total de casa, de cidade, de vida... desilusões, desastre... e depois: a América. Outra etapa longa de trabalho, de dores, de tragédias... e a última, espero que seja esta de um vintênio em Poços de Caldas.

Para compreender o ritmo normal da sua vida, feito de altos e baixos emocionais igualmente fortes, é preciso comparar esta recapitulação acabrunhada com a nota eufórica sobre o sonho que exalta e conserva, escrita apenas um mês antes (ver pp. 37-38).

Afinal, morreu — em 12 de agosto de 1951, quinze dias antes de completar 88 anos, impaciente, reclamando irritada, imaginando conspirações que lhe pareciam óbvias por parte das irmãs do hospital. Para falar com certa ênfase — morreu lutando, porque lutadora sempre foi. É verdade que num campo estreito, onde o destino a fechou. Mas de cabeça em pé. Por isso gravou-se no seu túmulo um verso de Leopardi:

Erta la fronte...
E renitente al fato.

3.
Os outros

Visitantes

Teresina tinha a vocação da amizade e dela tirou conforto para enfrentar uma vida que foi sempre dura. Extremamente sociável, apesar de desconfiada e precipitada nos julgamentos, visitava e recebia com prazer, tinha amigas e amigos dedicados, cujas crenças não discutia contanto que não falassem bem do fascismo, porque aí punha fora de casa. No fim da vida a sua providência foi a excelente Santina Lari, natural de Montecatini, grande *virtuose* do crochê, que lhe prestava no dia a dia uma assistência carinhosa, desinteressada e alegre. Minha mãe, enquanto morou em Poços e quando lá voltava, ia vê-la todos os dias depois do almoço, e foi ficar ao seu lado quando ela adoeceu para morrer; Teresina jantava na nossa casa às quintas-feiras, prolongando o serão até meia-noite. Dos seus outros amigos, vou mencionar por enquanto alguns que conheci quando iam visitá-la e se caracterizavam por serem antifascistas com passado político.

No período em que convivemos, isto é, os seus últimos vinte anos, de 1931 a 1951, entre os visitantes estava o veemente Adelino Tavares de Pinho, "o Professor", que teve uma escolinha em Poços muitos anos e atuara nas escolas operárias e nas greves do começo do século, particularmente em Campinas, na da Companhia Paulista, no ano de 1906.

Era um português do Norte, atarracado e explosivo, que em moço tinha sido motorneiro e se instruíra por conta própria, chegando a publicar diversos opúsculos e a colaborar com abundância nos jornais libertários.[10] Grande leitor de Buckle e Spencer, além dos clássicos do anarquismo, adotava uma fórmula evolucionista misturada com a teoria do "apoio mútuo", e achava que o x da "questão social" era moral, e não a luta de classes. Odiava Stálin ("esse monstro com os bigodes pingando sangue"), embirrando em geral com os comunistas. Por isso lamentava que um "rapaz tão inteligente" quanto Astrojildo Pereira (que o criticara certa vez em artigo) tivesse bandeado para eles. Segundo o Professor, deveria ter ficado cuidando de literatura, que era o seu forte.

Visitante ocasional, este dotado de um encanto e uma cordialidade que não mostravam desde logo a tenacidade do ânimo combativo, era Edgard Leuenroth, — "um moço muito bom, um puro", dizia Teresina.

Piccarolo também aparecia, quando ia fazer uma ou outra estação de águas com a família. "*L'amicizia è il vincolo più puro che può unire due esseri umani*", — escreveu no álbum da amiga em 14 de janeiro de 1941. Anos depois ela me perguntava numa carta: "De Piccarolo não sabe nada? Vá desentocá-lo em casa e diga-lhe para me escrever".

Um interlocutor bem-vindo apesar de católico fervoroso era o dr. Badalassi, "*l'Avvocato Badalassi*", que fora para Poços, terra de sua mulher, depois que o clima da Itália ficou ingrato demais para um antifascista discreto mas convicto como era ele. Tinha sido secretário de Don Luigi Sturzo e militara no seu Partido Popular. A guerra o abalou profundamente e

---

[10] Um artigo dele é transcrito em Edgard Carone, *Movimento operário no Brasil (1877-1944)*. São Paulo: Difel, 1979, pp. 474-477.

contribuiu para um derrame que o deixou meio paralisado, como Teresina me contou em carta de 6 de julho de 1945:

> Fui visitar o senhor Badalassi: achei-o muito bem e em melhor forma do que antes do ataque; está de plena posse das faculdades mentais e se lembra de tudo que aconteceu no mundo. [...] A causa da sua paralisia, em boa parte, foram as tragédias da guerra em geral e em particular as relativas à sua cidade natal, Florença, bem como as condições em que se acha a sua família.

Cultura paralela

Muitas das suas amizades remontavam ao tempo em que viveu em São Paulo, momento de germinação esperançosa do socialismo, como foram os anos entre o fim do século e a Primeira Grande Guerra. Alguém deveria estudar a fundo os grupos de militantes italianos que atuaram naquela altura — socialistas, anarquistas, sindicalistas. Foi um tempo cheio pela fundação de ligas, jornais, movimentos de emancipação feminina. Contribuíram um pouco para esse processo certos visitantes estrangeiros, que, embora convidados oficiais ou semioficiais e bem cotados na burguesia, eram também socialistas reformistas, dando assim algum prestígio à esquerda local.

Foi o caso de Enrico Ferri, que veio em 1908, "quando era Ferri", dizia Teresina aludindo à sua posterior adesão ao fascismo. Ou de Guglielmo Ferrero (muito mais íntegro), que veio em 1907 e cujo livro hoje esquecido, *Grandeza e decadência de Roma*, estava então no auge do sucesso. Sua mulher Gina, filha de Lombroso, também fez conferências aqui, e o seu feminismo (muito admirado por Teresina, grande leitora dos seus livros) foi um estímulo para as mulheres que procuravam atuar nas reformas e no movimento das ideias.

Tudo isso contribuiu para uma espécie de cultura até certo ponto à margem da cultura dominante. Na convivência socialista e anarquista ela se manifestava em piqueniques, concertos, conferências, cantos, recitais de poesia, colaboração em pequenos jornais, troca de livros. Era o tempo em que o socialismo e sobretudo o anarquismo pressupunham uma crença muito forte na capacidade revolucionária (transformadora e humanizadora) do saber e da arte. Quanto à literatura, isso ocorria no sentido do que se poderia chamar uma cultura dos conteúdos, inteiramente voltada para a mensagem explícita das obras, sem preocupação específica pelo caráter avançado ou não da forma, que poderia inclusive ser a mais acadêmica. É o problema da mistura de intenção política avançada e gosto atrasado, frequente no universo cultural das esquerdas. Isso porque as pedras de toque eram o ataque à burguesia, a descrição da vida operária, os sentimentos humanitários, a posição antirreligiosa, a solidariedade com o pobre etc. — considerados como condição que de ideologicamente relevante passava a esteticamente suficiente.

É importante lembrar que numa cidade fervilhando de imigrantes, como São Paulo, com um operariado formado em maioria absoluta por estrangeiros, o espanhol e o italiano eram línguas de luta popular, enquanto o francês (predominante na burguesia como critério de distinção social) era usado menos e só como leitura. As atividades que mencionei acima se desenvolviam grande parte em italiano, inclusive por meio de diversos jornais, alguns codirigidos por brasileiros que se tornaram facilmente bilíngues. Basta ler as listas de obras recomendadas nas publicações socialistas e anarquistas para verificar como a presença dos militantes estrangeiros se somava à pouca bibliografia em português para tornar impositiva a leitura em outros idiomas.

Nos documentos da época, anarquistas e socialistas, ao lutarem pela redução das horas de trabalho, mencionavam sempre a necessidade vital de um mínimo de tempo para o operário poder ler, e deste modo ter acesso a uma condição humana mais digna. Entre muitos casos, veja-se um trecho do comovente manifesto das operárias costureiras, transcrito por Edgard Carone:

> E nós também queremos as nossas horas de descanso para dedicarmos alguns momentos à leitura, ao estudo, porque, quanto à instrução, temos bem pouca; e se esta situação continua, seremos sempre, pela nossa inconsciência, simples máquinas humanas manobradas à vontade pelos mais cúpidos assassinos e ladrões.
>
> Como se pode ler um livro, quando se sai para o trabalho às sete da manhã e se volta para casa às onze da noite? Das 24 horas, só nos ficam oito de repouso, que nem bastam para recuperar no sono as forças exaustas! Nós não temos horizontes, ou antes, temos um horizonte sem luz: nascemos para que nos explorem e para morrer nas trevas como brutos.[11]

Leituras obrigatórias eram o Victor Hugo d'*Os miseráveis*, o Zola de *Germinal* e d'*Os quatro evangelhos* (que afinal não passaram de três). Mas também os irmãos Reclus, Augustin Hamon, Sébastien Faure, Jean Grave, sua mulher Séverine, Errico Malatesta, russos como Tolstói e Górki, os romances políticos de Blasco Ibáñez, "o nosso companheiro Edmondo de Amicis" (na expressão do *Avanti!* de São Paulo), e até a ficção humanitária do português João Grave.

Havia predileção pela poesia moralista e sentenciosa, da qual se podiam extrair "pensamentos" para transcrever nos

---

11 Edgard Carone, *Movimento operário no Brasil*, op. cit., p. 471.

álbuns e citar nos discursos. Esses socialistas e anarquistas gostavam dos poetas políticos, velhos e novos, a começar por Giuseppe Giusti e suas diatribes satíricas contra os tiranetes da Itália amparados pela Áustria:

Vostra Eccellenza, che mi sta in cagnesco
Per que' pochi scherzucci di dozzina...

Admiravam o ardoroso republicano radical Felice Cavallotti, seus rompantes parlamentares e jornalísticos, sua dura fibra, seus duelos, num dos quais morreu. Recitavam os maus poemas dele e liam com prazer imenso a comédia anticlerical *Cantico dei Cantici*, de que havia ediçõezinhas populares e era representada por amadores, mas também profissionais, como num espetáculo que teve lugar na Lega della Democrazia, de São Paulo, em 1º de agosto de 1914, dia em que a Alemanha declarou guerra à Rússia, iniciando a grande conflagração. Adoravam o teatral Mario Rapisardi, uma espécie de Guerra Junqueiro italiano de maior atuação e ambições maiores; e aliás o próprio Guerra Junqueiro, desde o desabrido anticlericalismo da *Velhice do Padre Eterno* até o populismo meloso d'*Os simples*. Gostavam do aspecto satírico e anticlerical de Eça de Queirós, bem como do Antero de Quental dos pronunciamentos políticos e das *Odes modernas*. Ada Negri os arrebatava com a sua poesia social e o fato, pouco frequente em escritor, de ser de origem operária. E partilhavam com a burguesia parnasiante a admiração por Lorenzo Stecchetti, que foi traduzido e recitado por todo o Brasil.

Os amigos de Teresina tiveram papel importante nas lutas políticas e nas vibrações culturais daquele tempo, como uma espécie de ala brasileira informal do Partido Socialista Italiano; e ela com eles.

Bertolotti e o *Avanti!*

O engenheiro Alcibiade Bertolotti, nascido em Parma, em 1862, e conhecido da sua família, veio para o Brasil no mesmo ano que ela, 1890, mas como foragido político. Já em 1891 dirigia em São Paulo o jornal *Messaggero*. Em 1894 fundou a Livraria Italiana, que teve longa duração, e em 1900 estava entre os fundadores da mencionada Lega della Democrazia, ou Lega Democratica Italiana, constituída por republicanos, socialistas e anarquistas para estimular o movimento operário em contraposição às organizações conservadoras da colônia. Ela funcionava no largo da Memória e se tornou um centro ativo na promoção de festas, espetáculos, recitais, conferências, doutrinação. Ali nasceu em 1900 e teve a sua redação o primeiro jornal socialista em língua italiana de São Paulo, *Avanti!*, com título igual ao do diário do Partido Socialista da mãe-pátria, em circulação desde 1896. Era um semanário vivo, preocupado em doutrinar mas também arregimentar. Ele se articulou em seguida com o Centro Socialista Internacional, que funcionava igualmente na sede da Lega e era "o nome organizatório do PSB"[12] (Partido Socialista Brasileiro), fundado em 1902 por brasileiros e sobretudo italianos do grupo do *Avanti!*. O partido logo se desfez, mas o jornal foi longe. Um dos seus objetivos era defender e organizar os colonos italianos contra os fazendeiros, dando realce por isso ao noticiário do interior do estado, onde o Centro teve em certo momento mais de vinte núcleos ativos. Alguns eram de fato apreciáveis, como os de Ribeirão Preto e São José do Rio Pardo. Nesta cidade militava o jornalista Paschoal Artese, com quem Euclides da Cunha conviveu e partilhou algumas atividades socialistas.

---

12 Ibid., p. 327.

Bertolotti foi um dos fundadores e principais redatores do *Avanti!*, escrevendo artigos de fundo com as iniciais *ab*. Era um reformista moderado mas ativo, firme nas ideias e nos atos, chegando a se bater em duelo com o jornalista Umberto Falcinelli. No artigo inicial (20 out. 1900) dizia que o intuito era lutar por "reformas de índole social", mas, acrescentava, as "compatíveis com as leis e a atual organização da sociedade". Fazia conferências frequentes na capital e no interior, sendo uma delas sobre Karl Marx, cujo retrato o *Avanti!* oferecia como brinde aos assinantes. (Note-se que as conferências de militantes e simpatizantes eram de entrada paga, servindo para obter fundos.)

Creio que o jornal parou a certa altura depois de 1908, ano em que foi preso e expulso do país o seu então diretor Vincenzo Vacirca, que acabaria, na Itália, como deputado fascista. Mas teve uma segunda fase em 1914 e 1915 (teria terceira e última em 1919), com uma equipe combativa orientada por Teodoro Monicelli (vindo para o Brasil em 1911) e contando com o apoio de Bertolotti, sobrevivente tenaz da equipe inicial.

Bertolotti nunca deixou de exercer a profissão desde a chegada ao Brasil, aposentando-se no decênio de 1930 como engenheiro da Prefeitura de São Paulo. E manteve uma firme posição antifascista até a morte, ocorrida em 1957.

Nos anos de 1940, tendo ele mais de oitenta anos, tivemos alguns contatos e eu lhe falei de Teresina. Ele se animou, evocou o passado comum e depois especificou que sempre fora da ala reformista, liderada na Itália por Leonida Bissolati, comentando: "*Ma la Teresina, oh! la Teresina è sempre stata rivoluzionaria*". Do seu lado ela me dizia numa carta de 2 de agosto de 1946:

Quando encontrar de novo Bertolotti, cumprimente-o por mim. Não sei por que não me escreveu mais; mas os socialistas reformistas não veem com bons olhos os que são um pouco revolucionários, como eu. Seja como for, estamos velhos, acho que ele tem um ano mais do que eu, e logo vamos nos encontrar no inferno, onde conversaremos a respeito.[13]

Piccarolo, *moderato assai*

De matiz político parecido mas bem menos determinado na militância era Antonio Piccarolo, piemontês de Alessandria, nascido em 1868 e se não me engano livre-docente de história do direito da Universidade de Turim, que veio para o Brasil em 1904.

Como Bertolotti, adotava as posições teóricas do marxismo, mas com um forte toque evolucionista, do tipo que aliás era favorecido por alguns escritos de Engels e ocorria entre os reformistas. Ao contrário dos anarquistas e sindicalistas-revolucionários (que predominavam naquele momento na esquerda, em São Paulo), achava que o socialismo não era possível no Brasil a curto prazo, nem cabia a luta nos moldes clássicos, por não haver condições sociais, isto é, burguesia e proletariado industrial (ponto de vista que coincidia com o de Sílvio Romero e com as ideias expendidas por Ferri em suas conferências no Brasil). "*Natura non facit saltum*", sentenciava. Mas entendia que nem por isso era menos urgente lutar pelo socialismo, — no plano da defesa e organização do trabalhador, sobretudo rural, com desenvolvimento de cooperativas, da instrução e das diversas modalidades de assistência. Além do mais, teve o mérito de criticar a mentalidade imitativa incrementada pelos socialistas europeus transplantados aqui, chamando a atenção para a

---

[13] Sobre Bertolotti, ver: Franco Cenni, *Italianos no Brasil*: *"Andiamo in 'Merica"*... São Paulo: Martins, [1958]; Boris Fausto, *Trabalho urbano e conflito social (1890-1920)*. São Paulo; Rio de Janeiro: Difel, [1976]; o jornal *Avanti!* na primeira fase sobretudo.

Antonio Piccarolo em Poços de Caldas, 1941.

necessidade de soluções adequadas às condições de um país baseado na agricultura do latifúndio. Como diz Edgard Carone sobre um escrito dele,

> ao contrário dos documentos anteriores e maioria dos posteriores, este é um dos poucos que não imita o estilo e o conteúdo dos manifestos europeus, mas tenta aplicar a filosofia comunista à realidade brasileira.[14]

Este senso das peculiaridades locais o diferencia dos correligionários e talvez tenha contribuído para os conflitos que teve com eles. Com efeito, sendo diretor do *Avanti!* desde a sua chegada em 1904 até novembro de 1905, afastou-se sob a alegação de que um companheiro fora incorreto. Mas não acho impossível que na origem da incompatibilidade estivesse esta visão diferente e mais realista; quem sabe também a sua acentuada moderação. Com base nelas fundou em 1908 o Centro Socialista Paulistano e por causa delas se entrosou bem com a burguesia italiana e brasileira de São Paulo. Talvez essas coisas, ou ciumeiras em relação a alguém de porte intelectual bem mais elevado, como ele, foram o que levou a um ataque de incrível violência por parte de Teodoro Monicelli no *Avanti!* (2ª fase), em vários números de 1915, motivando recurso judicial do agredido.

Piccarolo se tornou um socialista sobretudo doutrinário, ao longo de uma vida de professor, jornalista e polígrafo respeitado no mundo intelectual de São Paulo. Amigo de Freitas Valle (o poeta simbolista Jacques d'Avray, seu colega no corpo docente do Ginásio do Estado), frequentou assiduamente o salão literário e artístico da Vila Kyrial e lá fez diversas palestras.

---

14 Edgard Carone, *A República Velha: Instituições e classes sociais*. 2. ed. São Paulo: Difel, 1972, p. 206. Leia-se a análise que faz do escrito de Piccarolo.

Uma indicação de prestígio é o fato de ter participado dos ciclos de conferências da Sociedade de Cultura Artística, que nos decênios de 1910 e 1920 era um dos principais centros culturais da cidade.[15] Das suas relações cordiais com a burguesia sirva de exemplo o fato de haver dedicado ao então presidente do estado, Washington Luís, o libreto da ópera *Dom Casmurro* (1922), musicado por João Gomes de Araújo. Lembremos que traduziu e fez editar o romance em italiano.

Uma das ideias queridas de Piccarolo era a fundação de uma escola superior de letras, formadora do magistério secundário e centro de estudos. Por ela se bateu e fez tentativas desde antes da Primeira Grande Guerra, até que em 1931 conseguiu pôr de pé a Faculdade Paulista de Letras e Filosofia, de que foi secretário-geral e cujos diretor e vice-diretor eram respectivamente Alcântara Machado e Ricardo Severo. O corpo docente se formou com o que havia de melhor na intelligentsia liberal de São Paulo, encarregando-se ele próprio de língua e literatura latina, além de literatura comparada (que não chegou a funcionar). Era uma instituição particular com algum apoio oficial, pois localizava-se no andar térreo do Instituto de Educação Caetano de Campos.[16] De certo modo foi a precursora da Faculdade de Filosofia, Ciências e Letras fundada com a Universidade de São Paulo em 1934. A escola de Piccarolo acabou neste ano, e mais tarde ele ensinou língua e literatura latina durante algum tempo na nova instituição. Em 1933, quando se fundou a Escola Livre de Sociologia e Política, integrou o corpo docente e arranjou o lema para o seu escudo: *Scientia Robur Meus*.

---

15 Ver a sua participação, ao lado de notabilidades do momento, em: Sociedade de Cultura Artística, *Conferências, 1914-1915*. São Paulo: Tipografia Levi, 1916.   **16** Ver *Boletim da Faculdade Paulista de Letras e Filosofia*, São Paulo, 1934, que me foi comunicado pelo secretário da instituição, dr. João Guilherme de Oliveira Costa, a quem agradeço muitas informações.

Nunca renunciou às convicções no meio de todas as atividades, e no decênio de 1930 parece ter tido um renascimento de esperança, no ritmo de radicalismo que sucedeu por algum tempo à Revolução de Outubro. Verificando o progresso industrial e o crescimento da pequena propriedade achou que as condições começavam a amadurecer, pelo menos no Centro-Sul e no Sul. Voltou a falar da necessidade de pregação e ação socialista segundo a perspectiva definida acima; e o seu reformismo não o impediu de analisar, com espírito crítico mas compreensivo, a evolução política da União Soviética.[17] Por tudo isso, a partir dos anos 20 foi alvo constante da forte e agressiva imprensa fascista em língua italiana de São Paulo. Depois de 1945 aderiu afetivamente ao Partido Socialista Brasileiro, ao qual legou a sua biblioteca. E se suicidou em 1957, com 89 anos.

Rossoni: herói (e vilão) de dois mundos

Diferentes desta figura meio patriarcal, mais ou menos ajustada ao liberalismo intelectual da burguesia paulistana, havia amigos radicais com cujas ideias Teresina afinava melhor. Pertenciam ao número dos que formavam uma espécie de ala extremada do Partido Socialista Italiano, do qual muitos se afastaram, sobretudo a partir de 1904, para se caracterizarem plenamente como sindicalistas-revolucionários —, adeptos da ação intensa dentro do proletariado e não da classe média, com estímulo às greves e a esperança de uma vitória significativa contra a burguesia por meio da greve geral. Os socialistas reformistas reagiram, havendo dissensões e polêmicas; e os

---

[17] Antonio Piccarolo, *O socialismo no Brasil: Esboço de um programa de ação socialista*. 3. ed. São Paulo: Piratininga, [1932], passim. Sobre ele ver também: Fausto, op. cit., e Cenni, op. cit.

sindicalistas acabaram se entendendo melhor com os anarquistas, para cujo movimento trouxeram no Brasil maior agressividade.[18]

Deste naipe era Edmondo Rossoni, ativista ferrenho que fazia conferências incendiárias nos círculos operários, pregando a "ação direta" e a expropriação da burguesia. O seu nome está ligado em São Paulo a um dos movimentos mais interessantes da esquerda, — o da "escola moderna", grande entusiasmo de Teresina, que era admiradora do seu iniciador Francisco Ferrer, a "vítima dos padres", o ilustre educador espanhol fuzilado pela repressão reacionária e clerical depois dos tumultos da Catalunha em 1909.

Tratava-se de uma orientação pedagógica que acreditava no papel da instrução como base prévia das transformações sociais. Ela preconizava uma educação rigorosamente leiga em classes mistas, sem religião, com predomínio da ciência, apelando para a iniciativa do aluno e criando para ele condições atraentes de aprendizado, com o fim de formar cidadãos independentes não submetidos aos preconceitos. Ao mesmo tempo, Ferrer pregava a organização sindical dos professores e a sua solidariedade com o movimento operário, como consequência lógica do pressuposto segundo o qual a instrução leiga e científica leva necessariamente a desejar a transformação da sociedade.[19]

A isto se chamava "escola moderna", "livre", "racionalista" ou "racional", e segundo os socialistas e anarquistas do Brasil

---

18 Ver um artigo polêmico do *Avanti!* (3 set. 1908), transcrito por Edgard Carone, que define as posições reformistas e ataca os anarcossindicalistas: *Movimento operário no Brasil*, op. cit., pp. 218-220.   **19** Ver uma apresentação feita ainda sob a emoção dos acontecimentos em: Comité de Défense des Victimes de la Répression Espagnole, *Un Martyr des prêtres — Francisco Ferrer (10 janvier 1859-13 octobre 1909): Sa vie, son oeuvre*. Paris: Schleicher Frères, [1909].

se opunha não apenas ao ensino confessional, mas ao ensino do Estado, segundo eles muito ligado ao outro. (No seio deste movimento se formou um gráfico de orientação mais ou menos socialista, Roldão Lopes de Barros, que depois foi um dos lutadores pela Escola Nova nos decênios de 20 e 30 e terminou como catedrático de Filosofia da Educação da Universidade de São Paulo.)

Rossoni se empenhou com vigor no movimento, tendo sido professor da Escola Racionalista da Água Branca, (fundada e mantida pelos operários da Fábrica de Vidros Santa Marina), entre cujos alunos ele aparece numa fotografia que Teresina possuía. Os meios clericais de São Paulo (segundo *A Lanterna*, capitaneados por Asdrubal do Nascimento, conde do Papa e proprietário da Fábrica de Cervejas Antártica) conseguiram o fechamento da escola e uma ordem de expulsão contra Rossoni em 1909.

Perseguido por ordem do secretário do Interior Washington Luís, Rossoni andou escondido uns tempos em casas de amigos, inclusive na dos Rocchi, acabando por ser localizado na do militante anarquista Benjamim Mota, diretor d'*A Lanterna*. Vendo que estava cercado, preparou-se com dignidade romântica: vestiu-se bem (como gostava), amarrou a ampla gravata La Vallière de artista, azul com pintas douradas, cobriu-se com o chapelão de feltro e, quando lhe deram voz de prisão, saiu olímpico de bengala em punho, para a cadeia e o banimento.[20]

De volta à Itália, lutou em 1914 e 1915 pela entrada na guerra, como em geral os anarquistas, sindicalistas e a ala radical do Partido Socialista, liderada por Mussolini, de quem ficou

---

20 Ver a notícia indignada em *A Lanterna, Folha Anticlerical de Combate*, ano IV, n. 7, 29 nov. 1909, sob o título: "Infâmia: A expulsão de Rossoni", cuja comunicação agradeço a Edgard Carone. A descrição de como foi detido me foi feita diversas vezes por Teresina.

amigo para sempre. Tendo uma capacidade notável de ação e organização, tornou-se depois do Armistício líder sindical de relevo como um dos dirigentes da Unione Italiana del Lavoro, de orientação sindicalista-revolucionária, a menor das três grandes federações trabalhistas, sendo as outras a majoritária Confederazione Generale del Lavoro, reformista, e a Unione Sindacale Italiana, anarquista. Aderindo ao fascismo, atuou em golpes e demonstrações de força na fase "heroica", como a tomada de Gênova e a de Massa. Mais do que isso, prestou a Mussolini o serviço inestimável de organizar o trabalhismo fascista, dando ao novo regime a base que não tinha ao lhe assegurar no setor operário uma sólida cabeça de ponte, que depois foi alargada pela força e o arbítrio. Com a sua experiência sindical contribuiu para definir o corporativismo, que se organizou a partir da Confederazione Nazionale dei Sindacati Fascisti (de que foi presidente) e se exprimiu legalmente na *Carta del Lavoro*.

Durante todo o regime mussoliniano teve atuação de relevo como ativo jornalista doutrinário, líder corporativo e dirigente político. Foi senador e, desde a fundação até o fim, membro do Grande Conselho Fascista, o Santo dos Santos do regime, em cuja sessão dramática de 25 de julho de 1943 votou com a maioria pela moção Grandi, que derrubou o *Duce*. Foi também ministro mais de uma vez, inclusive da Agricultura. A este propósito é curioso mencionar que Ezra Pound admirava as suas concepções econômicas e chegou a compará-lo a Confúcio pela sabedoria em matéria agrária.[21]

---

[21] Sobre Rossoni ver: Jacob Penteado, *Belenzinho. 1910: Retrato de uma época*. São Paulo: Martins, 1962; Angelo Tasca, *Naissance du fascisme: L'Italie de l'Armistice à la Marche sur Rome*. Paris: Gallimard, 1967; Ernst Nolte, *Three Faces of Fascism: Action Française, Italian Fascism, National Socialism*. Trad. de Leila Vennewitz. Nova York: Holt, Rinehart & Winston, 1966; Ezra Pound, *Guide to Kulchur*. Londres: Peter Owen, 1952; Giorgio Pini e Duilio Susmel, *Mussolini: L'uomo e l'opera*. 4. v. 2. ed. Florença: La Fenice, 1957.

Ao ver pelos jornais a carreira e portanto a adesão para ela inexplicável do antigo companheiro de luta, Teresina pasmou, e em 1926 lhe escreveu perguntando o que tinha havido, se era aquilo mesmo. Rossoni respondeu com esta carta:

*Confederazione Nazionale
dei Sindacati Fascisti*

*Roma, il Marzo 1927
Piazza Colonna, 366.*

Il Presidente

*Cara Signora,
Mi è giunta graditissima la sua lettera. Il suo ricordo mi arreca un gran piacere, avendola sempre ricordata anche attraverso le mie peregrinazioni e nei pochissimi momenti di tregua nella dura lotta combattuta in questi ultimi anni.
Sono stato sempre preso da un lavoro enorme. Le corporazioni sono la base della rivoluzione fascista. L'Italia non si riconosce più. È tutta giovane, vibrante, dominata da una sconfinata volontà di potenza. Vinceremo molte prove. Le faccio spedire il mio quotidiano e la mia rivista* La Stirpe.
*Mi ricordi e si abbia una cordialissima salutazione
dal suo aff. amico
Edmondo Rossoni.*

Tradução:

Cara Senhora. Foi agradabilíssimo receber a sua carta. A sua recordação me traz um grande prazer, tendo-a lembrado sempre mesmo através das minhas peregrinações e nos pouquíssimos momentos de trégua na dura luta combatida nesses últimos anos.

CONFEDERAZIONE NAZIONALE
DEI SINDACATI FASCISTI
IL PRESIDENTE

Roma, li Marzo 1927
Piazza Colonna, 366

Cara Signora,

Mi è giunta graditissima la sua lettera. Il suo ricordo mi arreca un gran piacere, avendola sempre ricordata anche attraverso le mie peregrinazioni e nei pochissimi momenti di tregua nella dura lotta combattuta in questi ultimi anni.

Sono sempre preso da un lavoro enorme. Le corporazioni sono la base della rivoluzione fascista. L'Italia non si riconosce più. È tutta giovane, vibrante, dominata da una tenacissima volontà di potenza. Vinceremo molte prove. Le faccio spedire il mio quotidiano e la mia rivista *Le Stirpe*.

Mi ricordi ecc. ecc. abbia una cordialissima stretta di mano
Edmondo Rossoni

Carta de Edmondo Rossoni a Teresina.

Tenho estado sempre preso por um trabalho enorme. As corporações são a base da revolução fascista. Não se reconhece mais a Itália. Toda ela é jovem, vibrante, dominada por uma vontade ilimitada de poder. Venceremos muitas provas. Estou mandando remeter-lhe o meu jornal diário e minha revista *La Stirpe*.

Lembre-se de mim e receba uma saudação cordialíssima do seu afetuoso amigo Edmondo Rossoni.

Sem dúvida possível diante dessa peça ortodoxa de fraseologia fascista, Teresina mandou de volta o seguinte bilhete:

Rossoni:
  Sei un cane.
  Teresina Carini Rocchi.

Anos depois ela anotaria no seu caderno:

Frangor, non flector — Quebro mas não vergo — Isto dizia Rossoni em 1909. Em 1912 [sic] foi propagandista da guerra; depois, fascista, e agora [1932] Ministro!! Oh que bela festa!

De Ambris oscilante

Outro companheiro político, cujo retrato ela tinha na sala, foi Alceste De Ambris, nascido em 1874 perto de Massa ("louro filho da Toscana", diziam-lhe os amigos brasileiros com a afetação daquele tempo). Foragido no Brasil em 1898 por causa das suas ideias socialistas, tinha grande capacidade de agitação e foi durante um ano, de 1900 a 1901, o primeiro diretor responsável do *Avanti!*. Mas logo se afastou por radicalismo, embora alegasse como pretexto o desejo de ter mais tempo para a doutrinação. Desde o começo, em artigos assinados *ada* (suas iniciais em minúsculas), destacava-se do outro principal redator,

Bertolotti, pelo cunho radical. Condenando o reformismo e sobretudo Bernstein, acentuava a natureza revolucionária do socialismo, e neste sentido fez em janeiro de 1901 uma conferência quilométrica de três horas e um quarto na Lega della Democrazia. Ao noticiar que deixava a redação (12-13 out. 1901) atacou Turati de passagem, motivando uma nota de defesa provavelmente escrita por Bertolotti, o que mostrava a tensão dentro do grupo, como reflexo da luta interna entre as alas esquerda e direita do Partido Socialista Italiano. Logo a seguir publicou um interessante almanaque socialista com excertos, poemas, retratos, caricaturas, efemérides, tudo orientado para a doutrinação.[22]

Em 1903 fugiu para a Itália para não ser preso por difamação pela imprensa (tratava-se de violento artigo contra um Matarazzo). Lá, em 1907, participou em Bolonha do III Congresso das Juventudes Socialistas como um dos líderes da ala esquerda dissidente, sindicalista-revolucionária, e no ano seguinte pôs-se à frente da grande greve de assalariados rurais (*braccianti*) da região de Parma, o que o obrigou a se expatriar novamente, primeiro na Suíça e depois no Brasil.[23] Nesta segunda estadia viveu em São Paulo e também no Rio, onde fundou em 1910 o jornal *La Scure* e trabalhou na Agência Havas, ligando-se ao grupo de escritores boêmios, inclusive Olavo Bilac, que pode ter sofrido a sua influência no vago socialismo sentimental que manifestava por vezes. Conforme depoimento de Luís Edmundo, era crédulo e meio desarmado na sua boa-fé (o que talvez tenha

---

22 *Almanacco Socialista pel 1902.* Compilatore Alceste De Ambrys. São Paulo: Riedel & Lemmi, 1902. Quando vivia no Brasil ele usava y no nome, com um toque nefelibata que depois deixou de lado.   **23** Renzo de Felice apud Paulo Sérgio Pinheiro e Michael M. Hall, *A classe operária no Brasil: Documentos (1889 a 1930).* São Paulo: Alfa Ômega, 1979, v. I, *O movimento operário*, p. 34; Paul Guichonnet, "Le Socialisme italien des origines à 1914", em Jacques Droz (Org.), *Histoire générale du socialisme.* 4 v. Paris: Presses Universitaires de France, 1972-1978, v. 2, pp. 271-272.

Alceste De Ambris.

contribuído para os seus descaminhos posteriores).[24] Em 1911 estava definitivamente na Europa, mais precisamente em Lugano, na Suíça, onde publicou um folheto sobre a imigração na América e onde com certeza esperava possibilidade de ser admitido no seu país, no qual, em 1914, lutou como Rossoni pela entrada na guerra, participando inclusive de uma campanha de comícios com escritores de tendência mais ou menos anarquista, como eram na ocasião Lorenzo Viani, Ceccardo Roccatagliata-Ceccardi e Giuseppe Ungaretti, que alude à sua fleuma no meio das fúrias da multidão e ao seu ascendente sobre ela.[25] Em 1915, indo a Paris com alguns correligionários pedir apoio aos companheiros franceses, na volta foi portador de uma soma que Jules Guesde, então ministro, lhe deu para entregar a Mussolini como contribuição à campanha belicista.

A experiência da guerra, de que participou como soldado, desenvolveu nele uma componente nacionalista que o levou a passar da extrema esquerda para a extrema direita do socialismo.

> Em maio de 1917, a ala direita dos socialistas "intervencionistas" se havia reagrupado na União Socialista Italiana (USI), agrupamento heterogêneo de reformistas, socialistas autônomos, dissidentes do Partido Socialista, sindicalistas-revolucionários como Alceste De Ambris.[26]

O seu comportamento depois da guerra é um bom exemplo dos equívocos que o fascismo nascente podia suscitar num militante de esquerda. Participou lateralmente do movimento como uma espécie de companheiro, apesar de pegas com Mussolini por divergências quanto à tática e à doutrina da luta

---

24 Pinheiro e Hall, op. cit.; Luís Edmundo, *O Rio de Janeiro do meu tempo*. 3 v. Rio de Janeiro: Imprensa Nacional, 1938, v. 2, pp. 659-663. **25** Leone Piccioni, *Vita di un poeta: Giuseppe Ungaretti*. Milão: Rizzoli, 1970, p. 59. **26** Paul Guichonnet, "Le Socialisme italien", op. cit., v. 3, p. 177.

operária. E Mussolini o encaminhou a D'Annunzio, que ele acompanhou na aventura política e militar de Fiume, onde teve papel importante como chefe de gabinete do poeta em armas, procurando influenciá-lo no sentido de dar uma dimensão operária ao movimento. Com o mesmo intuito, aliás, atuaram outros, como o velho anarquista Errico Malatesta, — tanta era a confusão, tantas as pistas falsas e as possibilidades inesperadas daquele momento confuso entre todos na história contemporânea da Itália. De Ambris foi o principal redator do documento programático do breve governo de Fiume, a *Carta del Carnaro*, onde lançou a ideia da organização corporativa, o que o torna involuntariamente inspirador de Mussolini. Aliás a aventura de D'Annunzio foi uma espécie de ensaio geral do fascismo, sobretudo quanto aos aspectos aparatosos e patrioteiros:

> Fiume [...] foi também um campo de experiência para o fascismo, tal como a Guerra Civil de Espanha o foi relativamente à Segunda Grande Guerra mundial.[27]

Mas a verdade é que, como o próprio fascismo inicial, essa aventura parecia conter uma certa potencialidade socialista. D'Annunzio preconizava a aproximação com a Rússia e a Hungria soviéticas, e era sensível, no seu oportunismo e incoerência, às reivindicações de esquerda, além de querer taticamente se apoiar

---

[27] Sir Ivone Kirkpatrick, *Mussolini: Ensaio sobre a demagogia*. Trad. de Vasco Pulido Valente. Lisboa: Morais, 1965, p. 101.
O escritor e cônsul Afonso Lopes de Almeida, que na ocasião fazia parte da delegação brasileira à Conferência da Paz, foi a Fiume entrevistar D'Annunzio e contou a experiência num livro hiperbólico: *O gênio rebelado*. Rio de Janeiro: Anuário do Brasil, 1923. Em polo ideológico oposto, Lima Barreto tratou com maior lucidez e muito sarcasmo a aventura marcial do poeta, a quem chamava Rapagnetta (que diziam ser o seu nome verdadeiro). Ver "D'Annunzio e Lenine", artigo de 8 jan. 1921, em *Feiras e mafuás*, 2. ed. São Paulo: Brasiliense, 1961, pp. 202-207.

no movimento operário. Depois que o governo italiano o desalojou de Fiume e a aventura espetacular acabou, ele foi para a sua vila do Lago de Garda enquanto crescia o fascismo, que o apoiara um momento e agora tomava a rédea com maior eficiência. Muitos pensaram então em aproveitar a sua liderança num sentido de esquerda. Parece que Lênin aconselhou a aliança com ele e é certo que o governo soviético tentou uma aproximação através do embaixador Tchitcherin. Do mesmo modo pensavam vários líderes comunistas italianos, inclusive Gramsci, que todavia desconfiava dele e não chegou a encontrá-lo, embora achasse que o seu movimento tinha elementos populares apreciáveis.[28]

Vendo em 1922 o que estava se armando, De Ambris caiu em si e tentou com outros companheiros convencer o poeta a se pôr na frente de um grande movimento para derrotar Mussolini e evitar que tomasse o poder. Mas a coisa não deu certo e ele, em seguida a uma tentativa fracassada para se eleger deputado, exilou-se na França. Viveu na cidade de Marselha, onde publicou o livro *Mussolini: La leggenda e l'uomo* (1927) e onde morreu em dezembro de 1934, depois de participar da luta dos socialistas italianos foragidos contra o fascismo, do qual andara bem perto.

É curioso que o seu último livro, de publicação póstuma, seja sobre corporativismo, cuja proposta reivindica, acusando Mussolini de o haver surripiado e deformado. Acentua também o papel do elemento moral na revolução social e faz a apologia de elites não baseadas no privilégio, — tudo definindo um estranho socialismo de sindicalista meio transviado.[29]

---

28 Salvatore Romano, *Antonio Gramsci*. Torino: UTET, 1965, pp. 453-459.
29 Sobre De Ambris ver, além dos citados: o jornal *Avanti!* na primeira fase; Kirkpatrick, op. cit.; Nolte, op. cit.; Id., *La crisi dei regimi liberali e i movimenti fascisti*. Trad. de Ester Gamaleri e Adriano Caiani. Bolonha: Il Mulino, 1970; Pini e Susmel, op. cit. Ver dele: *Dopo un ventennio di rivoluzione: Il corporativismo*. Bordeaux: A. Mione, 1935.

O peso e a medida

A apresentação de quatro amigos políticos de Teresina em São Paulo mostrou alguma coisa que depois ocorreria com muitos outros militantes de esquerda na Itália: enquanto os mais radicais, sindicalistas-revolucionários e socialistas extremados aderiram ao fascismo ou estiveram a ponto de o fazer, os reformistas moderados lhe foram as mais das vezes contrários. Em 1915, por exemplo, Bertolotti formava com o grupo do *Avanti!* paulistano (2ª fase), que era ardentemente internacionalista e contrário à guerra, alinhado idealmente com Rosa Luxemburgo e Karl Liebknecht, muito citados e louvados pelo jornal. Sem dúvida é um problema que vale a pena encarar, procurando situá-lo no contexto da época.

Rossoni renegado; De Ambris, quase. — O que terá passado na cabeça desses agitadores do socialismo sindicalista, cansados com o gradualismo transigente dos reformistas, revoltados com o egoísmo das grandes potências em relação ao seu país, buscando uma solução inovadora, revolucionária e nacional? Vendo a coisa de hoje é fácil censurar e mostrar o que estava certo. Mas o fato é que embora o fascismo tenha sido devidamente avaliado desde logo por liberais e socialistas lúcidos (inclusive os recentes comunistas Gramsci, Silone, Togliatti, Tasca), no começo ele deu lugar a equívocos, como ficou dito acima, e só o assassínio de Matteotti serviu de tira-teima para configurá-lo como ditadura reacionária de direita.

Hoje aquela oposição precoce de muitos reformistas é considerada manifestação na hora certa da verdadeira atitude socialista, enquanto a adesão de sindicalistas-revolucionários surge como traição incompreensível. No entanto, se nos pusermos na perspectiva da época, a oposição dos primeiros talvez fosse devida não tanto à razão socialista quanto a uma reação de tipo liberal (uma reação do muito que havia de liberalismo no reformismo), em face duma espécie de socialismo heterodoxo e meio selvagem (como podia aparecer inicialmente o fascismo), que ameaçava desmontar as regras da rotina parlamentar. Com a passagem do tempo tal oposição ganhou retrospectivamente um elevado teor de coerência socialista que talvez não possuísse no início.

Por outro lado, os sindicalistas-revolucionários, sequiosos de ação, amigos da violência, desconfiados do reformismo quase liberal e de mais a mais embalados na retórica do populismo fascista que, convém lembrar, aparecia como produto de uma ala socialista radical; os de cunho revolucionário podem ter pensado que o movimento de Mussolini era uma alternativa plausível, uma modalidade inesperada de chegar aos fins desejados. Tanto mais quanto até 1925 o *Duce* parece ter pensado seriamente em captar os antigos correligionários, inclusive por causa de uma certa nostalgia das origens. Assim, pode-se supor que foi talvez porque professavam um socialismo ativo e exigente que muitos, paradoxalmente, embarcaram na canoa sinistra.

O divisor de águas, e portanto o julgamento definitivo da conduta política, deve ser colocado adiante, para além do assassínio de Matteotti. Depois dos resultados do processo e do enrijecimento ditatorial de Mussolini em 1926, com a linha dura do fascismo dando as cartas, não havia mais dúvida possível. Os que continuaram com ele, como Rossoni, de fato renegaram. Os que recuaram a tempo, como De Ambris, puderam recuperar a dignidade política. Por isso Teresina mandou na hora certa aquele bilhete feroz a um e conservou na sala o retrato do outro. Ela soube avaliar direito os caminhos e descaminhos do velho socialismo ítalo-paulista.

II.
Diversos

Radicais de ocasião

Uma das figuras mais originais e características da nossa era é a do revolucionário profissional, como foi definida pelos bolchevistas no começo do século. O militante inteiramente consagrado à atividade política, materialmente sustentado por uma organização partidária, a que em princípio deve dar adesão completa, obediência sem reservas, todo o seu pensamento e a sua ação, não devendo, como um clérigo, ter outro compromisso. A esses homens, formados segundo a mentalidade exclusivista das seitas, o nosso tempo deve algumas das suas realizações mais espantosas, tanto as redentoras quanto as atrozes.

Mas é também interessante o tipo oposto, do homem sem qualquer compromisso com a revolução, que frequentemente até é contra ela, e no entanto nalgum período ou apenas nalgum instante da vida fez alguma coisa por ela: uma palavra, um ato, um artigo, uma contribuição, uma assinatura, o auxílio a um perseguido. Se fosse possível computar esses fatos ocasionais, essas atividades temporárias, talvez resultasse um total imenso de forças. Por isso, é atraente investigar os atos discordantes dos conformistas, os atos radicais dos conservadores, os períodos de lucidez revoltosa dos desinteressados, as lutas passageiras dos apáticos.

Às vezes tudo isso acontece por causa de uma ocorrência marcante, que chama a atenção de todos e abre os olhos de alguns, suscitando pronunciamentos de quem menos se esperava, onde menos se esperaria. A pré-revolução russa de 1905 (o "domingo sangrento"), por exemplo, mexeu com a sensibilidade de muito intelectual geralmente pouco interessado por essas coisas, mas com certeza movido pelo cunho dramático do noticiário e a grandeza dos movimentos de massa, que fazem chegar de repente à consciência das classes médias o que há de iníquo na base da sociedade.

No Brasil ela repercutiu até na revista *Kosmos*, luxuosa, agranfinada, que se publicou no Rio entre 1904 e 1909 (recentemente Antonio Dimas de Morais lhe consagrou uma tese penetrante e bem fundada). No número 3 do volume II, março de 1905, um Silva Marques, que não sei quem é, estampou uma crônica chamada "Pelo mundo: A revolução russa", onde, além de simpatia, manifesta uma grande clarividência. Depois de expor a brutalidade da autocracia e os direitos das nacionalidades oprimidas (lugares-comuns liberais), termina neste tom:

> Na capital do império e nas províncias mais próximas agita-se o turbilhão das reivindicações operárias, dos reclamos do povo, virtual e positivamente separado do trono.
>
> Quem poderia conter a explosão? Que a estrela do povo russo, tanto tempo desmaiada e perdida na sombria noite do czarismo, possa iluminar os seus destinos, poupando-lhe o eclipse do Terror que precedeu os primeiros albores da democracia na França! Mas isso não passará talvez de um voto, o de todos os espíritos contrários a violências inúteis.
>
> A Rússia do século XX viverá sem dúvida a França de 89. A história se repete, os povos obedecem aos mesmos destinos.

Apesar do horror à violência, nota-se que esse provável liberal, posto em face de uma tirania irremediável e alertado pelo transbordamento da miséria popular, foi capaz de ver a legitimidade da rebelião e o papel da violência revolucionária.

No número anterior da mesma revista Olavo Bilac (uma das suas figuras-chave) tinha publicado uma crônica de abertura apoiando o levante com simpatia, achando que o governo do tsar teria de ceder e promover reformas, exaltando a "nobre revolta dos escravos contra os seus senhores" e fazendo "também um protesto contra a estúpida crueza das guerras" (como se sabe, a russo-japonesa, de 1904-1905, foi um dos motivos que aguçou o descontentamento popular e contribuiu para o movimento de São Petersburgo). A propósito faz uma profissão de fé antibelicista, aparentemente estranha vista de hoje no escritor que dez anos depois seria o porta-voz do nacionalismo militarista:

> O mal não pode continuar; porque os povos, conhecedores da origem e das causas da moléstia, reagem pelos meios ao seu alcance: nos países civilizados, enchendo os parlamentos de deputados socialistas, e, na Rússia semibárbara, apelando para a bomba explosiva, para o punhal, para o veneno, e para os levantes em massa.

Vê-se pelo contexto que essas "causas" e essa "origem" que justificam o socialismo parlamentar de um lado e, de outro, o terrorismo, são concebidas a partir de uma explicação das guerras que é de cunho socialista, pondo em primeiro plano a competição econômica entre os países e os interesses das suas classes dirigentes. Nesse momento, emocionado pelo levante russo, Bilac manifesta uma simpatia nutrida pelo vago socialismo sentimental que Elói Pontes aponta nele com base em elementos tomados aos seus escritos dispersos.[1]

O pendor socialista mais humanitário do que político era frequente entre os intelectuais do tempo, assim como um certo anarquismo, e geralmente não levava a nada. Eles o assumiam, ao lado de outros sentimentos, como uma espécie

---

[1] Elói Pontes, *A vida exuberante de Olavo Bilac*. 2 v. Rio de Janeiro: José Olympio, 1944, v. 2, pp. 568-578.

de inconformismo que no fundo podia ser modalidade da aversão estetizante ao burguês entre aspas, o filistino obtuso em face da arte. Esse radicalismo verbal, talvez estimulado pela influência avassaladora de Eça de Queirós, é o oposto exato do compromisso militante, que se exprime em suas formas mais estritas no quadro do partido.

No caso de Bilac, poderia ocorrer aqui e ali uma noção mais coerente, para lá da parolagem simpática dos boêmios da Confeitaria Colombo, onde aparecia o seu amigo Alceste De Ambris, socialista revolucionário que viveu muitos anos no Brasil e quem sabe lhe comunicou princípios mais sólidos.

Bilac não era o único a manifestar vaga e inconsequentemente certos pruridos socializantes. Falando das rodas boêmias daquele tempo, diz Luís Edmundo, com certa complacência irônica de quem recorda loucuras da mocidade, inadmissíveis (é claro) na idade da razão:

> Essa plêiade de jovens literatos não prega somente a revolução em assuntos de letras, prega-a também, em matéria de ideias sociais. Acha-se pouca a liberdade do homem, a igualdade uma ficção, a fraternidade uma pesada intrujice, o mundo inteiro, enfim, povoado só de preconceitos antinaturais e estúpidos. Aplaude-se, por isso, o emprego da dinamite e do punhal, na recomposição de uma sociedade moderna.
> É assim que somos, quase todos, socialistas.[2]

Francisco de Assis Barbosa fornece dados e faz observações pertinentes a respeito desse anarquismo e desse socialismo de literatos, de origens diversas e algumas variantes, sobre os quais há indicações também em Brito Broca. Por sua vez, Elísio de

---

2 Luís Edmundo, *O Rio de Janeiro do meu tempo*. 3 v. Rio de Janeiro: Imprensa Nacional, 1938, v. 2, pp. 692-693.

Carvalho testemunha as manifestações de um anarquismo humanitário, inclusive o de corte tolstoiano, em gente como Curvelo de Mendonça e Fábio Luz.[3] O próprio Elísio se declarou anarquista, — de um anarquismo passageiro e confuso, ligado em parte à sua adesão à escola poética francesa chamada Naturismo, de ânimo muito participante, fundada por Saint-Georges de Bouhélier sob a influência do naturalismo humanitário do último Zola (o genro deste, Le Blond, pertencia ao movimento). Mas como (ainda a exemplo da moda francesa) sofreu também a influência de Stirner e Nietzsche, misturou-o a um anarquismo aristocrático e individualista, que associado ao seu esteticismo recalcado acabou desandando num esnobismo de diletante e, mais tarde, num nacionalismo reacionário, afidalgado e racista.[4] Grande salada, estranha evolução como se vê. Mas é preciso lembrar mais uma vez que o "ódio ao burguês" e o sentimento do papel excepcional do artista levavam a esses cozidos ideológicos.

Elísio admirava João do Rio, a cujo inquérito famoso respondeu em 1905. No seu livro *Five o'Clock* (Rio de Janeiro: Garnier, 1909), — monumento de esnobismo e afetação, situado entre a sua fase libertária e a sua fase nacionalista, — eis como o caracteriza na dedicatória:

A Paulo Barreto,
o artista bizarro, atormentado e cintilante, admirável como Jean Lorrain e paradoxal como Oscar Wilde, — seus mestres, voluptuoso,

---

3 Francisco de Assis Barbosa, *Vida de Lima Barreto*. Rio de Janeiro: José Olympio, 1952, pp. 149-154; Brito Broca, *A vida literária no Brasil: 1900*. Rio de Janeiro: Ministério da Educação e Cultura, 1956, pp. 117-120; Elísio de Carvalho, *As modernas correntes estéticas na literatura brasileira*. Rio de Janeiro: Garnier, 1907, pp. 77-98. **4** A principal profissão de fé anarquista de Elísio está no seu depoimento, em João do Rio, *O momento literário*. Rio de Janeiro: Garnier, 1908, pp. 256-273.

requintado, nostálgico como um lírico e impulsivo como um bárbaro, ao mesmo tempo místico como Verlaine e pagão como D'Annunzio, a imaginação fulgurante ávida sempre das sensações do raro e do imprevisto, que se tornou o historiógrafo estranho da alma encantadora das ruas, o melancólico analista da escola dos vícios, o psicólogo sutil, e às vezes cruel, das religiões, das crenças e dos cultos da nossa cidade, o cronista elegante, e o mais singular, das luxúrias, das perversões, das vesânias, das sensualidades, das bizarrias inconfessáveis e das grotescas vaidades da nossa gente [...].

João do Rio devia ser isso mesmo, ao que parece, descontando-se o tom de exaltação alambicada desta peça de esteticismo barato, do tipo que se procurava então praticar no Rio para dar à cidade modernizada pelo governo Rodrigues Alves um ar requintado igual ao de "lá fora". É certo que, ao contrário de Elísio e outros, nunca teve veleidades socialistas, nenhuma fase de anarquismo literário, nenhum interesse coerente pelos pontos de vista mais ou menos radicais. Pelo contrário, as suas manifestações patrióticas são maciçamente conservadoras, do corte mais convencional. Era um jornalista adandinado, procurando usar a literatura para ter prestígio na roda elegante e acabando, segundo muitos, por vender a pena aos ricaços portugueses do Rio. Aliás, a imagem duvidosa que ficou dele foi a que ele quis, movido sem dúvida por aquela perversidade elegante copiada de Wilde e do desagradável Jean Lorrain, — o que duelou com Proust e, segundo George Painter, talvez tenha contribuído para alguns traços do barão de Charlus.

Esse João do Rio desfrutável e rebolante atiçou as iras de muita gente, sobretudo as de Antonio Torres, que o trata de maneira tão desabrida que ainda hoje chega a constranger, chicoteando a sua alegada venalidade de escriba da colônia portuguesa e aludindo à sua triste morte dentro de um táxi com uma crueldade feroz. Mais tarde Elói Pontes o apresenta como um ignorante apressado, plagiário, cínico a ponto de inventar para si mesmo uma aura de escândalo e perversão que não corresponderia à realidade, mas que se colou para sempre ao seu nome. Foi preciso chegar a uma outra geração, que não o conheceu pessoalmente, para se ouvir a primeira voz justa, — a de Rosário Fusco, que o avalia bem e registra a sua influência sobre muitos contistas e cronistas. Hoje, com a curiosidade pelo art nouveau, ele está começando a interessar de novo, e já apareceu uma seleção dos seus escritos, feita pelo admirador fiel que sempre foi Luís Martins.[5]

Esta volta é justa, porque no escritor superficial e brilhante correm diversos filões, alguns curiosos, alguns desagradáveis e outros que revelam um inesperado observador da miséria, podendo a seus momentos denunciar a sociedade com um senso de justiça e uma coragem lúcida que não encontramos nos que se diziam adeptos ou simpatizantes do socialismo e do anarquismo; que não encontramos também em nenhum dos seus detratores, inclusive Antonio Torres.

Esse João do Rio clarividente é o da primeira fase, sem dúvida a melhor. O d'*As religiões do Rio*, d'*A alma encantadora das ruas*, de *Cinematógrafo*. Depois ele enveredou por uma lusofilia bastante suspeita e um patriotismo publicitário, retórico, bem-pensante, ao mesmo tempo que afiava como contrapeso o esnobismo decadente e o franco cinismo.

---

5 Antonio Torres, *As razões da Inconfidência*. 3. ed. Rio de Janeiro: Castilho, 1925, pp. XXVI-XL; Elói Pontes, *Obra alheia*. Rio de Janeiro: Selma, [s.d.], pp. 19-32; Rosário Fusco, *Vida literária*. São Paulo: Panorama, 1940, pp. 214-221; João do Rio, *Uma antologia*. Sel. de Luís Martins. Rio de Janeiro: Sabiá, 1971. Recentemente apareceu creio que a primeira biografia: R. Magalhães Júnior, *A vida vertiginosa de João do Rio*. Rio de Janeiro: Civilização Brasileira, 1978.

N'*A alma encantadora das ruas* (Rio de Janeiro: Garnier, 1908) há uma parte chamada "Três aspectos da miséria" onde o olhar que registra passa por uma espécie de evolução, do pitoresco e da constatação para a cólera e a revolta. A crônica denominada ironicamente "Sono calmo" descreve a visita a um albergue noturno, um pouco como se fosse episódio picante do tipo da famosa *tournée des grands ducs* em Paris. Mas a crônica sobre as crianças exploradas na mendicidade tem um certo arrepio de humanidade ferida. Nisso tudo há curiosidade pelo pitoresco da miséria e gosto perverso da aberração, como fica patente na crônica de *Cinematógrafo* onde, a propósito de uma expedição à zona do crime, evoca as degradações de Dorian Gray ("As crianças que matam..."). Mas de qualquer modo, nesses casos ele estava desafinando no coro de louvações do tipo "o Rio civiliza-se", que saudava a urbanização e o saneamento como feitos suficientes. Estava, na verdade, mostrando a ferida escondida pela ostentação.

Quando chega aos operários e verifica as condições em que labutam, o olhar ameno se turva e o monóculo artificial chega a soltar chispas de indignação clarividente. Naquela série d'*A alma encantadora das ruas* o artigo "Os trabalhadores da estiva" denota quase uma tomada de posição, quando louva a organização sindical e a defende das censuras de subversão:

> Que querem eles? Apenas ser considerados homens, dignificados pelo esforço e a diminuição das horas de trabalho, para descansar e viver.

E desenvolve o tema pela boca de "um deles, magro, de barba inculta":

> — O problema social não tem razão de ser aqui? Os senhores não sabem que este país é rico, mas que se morre de fome? É mais fácil

estourar um trabalhador que um larápio? O capital está nas mãos de um grupo restrito e há gente demais sem trabalho. Não acredite que nos baste o discurso de alguns senhores que querem ser deputados. Vemos claro, e desde que se começa a ver claro, o problema surge complexo e terrível. A greve, o senhor acha que não fizemos bem na greve? Eram nove horas de trabalho. De toda a parte do mundo os embarcadiços diziam que o trabalho da estiva era só de sete! Fizemos mal? Pois ainda não temos o que desejamos. (p. 194)

Em "A fome negra" descreve a faina numa ilha da baía de Guanabara, — os homens quebrando pedras, lascando minérios, transportando manganês, esquálidos, mal pagos, brutalizados, confinados numa espécie de campo de concentração:

Vivem quase nus. No máximo, uma calça em frangalhos e uma camisa de meia. Os seus conhecimentos reduzem-se à marreta, à pá e ao dinheiro; o dinheiro que a pá levanta para o bem-estar dos capitalistas poderosos; o dinheiro que os recurva em esforços desesperados, lavados de suor, para que os patrões tenham carros e bem-estar. (p. 200)

Ele conta que passou dias ao sol, de bote, daqui para ali, superando obstáculos, a fim de poder observar essa realidade atroz, que o moveu a ponto de torná-lo por um instante um arremedo de agitador:

Para os contentar, perguntei:
— Por que não pedem a diminuição das horas de trabalho?
As pás caíram bruscas. Alguns não compreendiam, outros tinham um risinho de descrença:
— Para quê, se quase todos se sujeitam?
Mas, um homem de barbas ruivas, tisnado e velho, trepou pelo monte de pedras e estendeu as mãos:

— Há de chegar o dia, o grande dia!

E rebentou como um doido, aos soluços, diante dos companheiros atônitos. (p. 205)

Na vida pelintra desse wildeano, é um átimo de sentimento radical. Não esqueçamos que Wilde escreveu *The Soul of Man under Socialism*, tirada sentimental de um igualitarismo idílico mas muito nobre, que talvez haja tocado o discípulo brasileiro. A experiência da reportagem perigosa sobre a ilha deve ter ferido não apenas os seus sentimentos, mas despertado umas faíscas de clarividência social, embora passageira. A crônica "Os humildes", incluída no livro *Cinematógrafo* (Porto: Chardron, 1909), é um dos escritos mais corajosos e lúcidos que um escritor brasileiro não militante político produziu sobre a situação do trabalhador. Por falta de pagamento, os operários da Companhia do Gás do Rio de Janeiro entraram em greve e a cidade ficou escura. O nosso esteta floral comenta:

> Esta greve do gás, que pôs em treva a cidade tantos dias, deixa-me apenas mais radicado um sentimento doloroso. E esse sentimento doloroso, nascido de longa observação, é tão banal que talvez toda a gente o tivesse, se observasse.
>
> Quando pensou a cidade que havia, com efeito, por trás daquela sinistra fachada do Gás, homens a suar, a sofrer, a morrer para lhe dar luz que é civilização e conforto? Quando esses homens, desesperados, largaram as pás, enxugaram o suor da fronte e não quiseram mais continuar a morrer, que ideia fazia a cidade — aquela elegante menina, este rapazola de passo inglês, o negociante grave, o conselheiro, o empregado público, os apaniguados da Sorte, daquele bando de homens, negros de lama do carvão e do suor, torcionados pelo Peso e pelo Fogo? Nenhuma. Esses pobres-diabos, homens como nós, com família, com filhos, com ideais talvez, não existiam propriamente; eram como o coque, como os aparelhos de destilação,

como os fornos uma quantidade componente do fato estabelecido neste princípio breve: *ex fumo dare lucem*. Mais nada. Só ao acender o bico de gás em vão é que surgiu a ideia do operário, do homem preso nas malhas de ferro de um sindicato poderoso, com a frase:

— Os operários fizeram greve...

É a noção de uma classe de oprimidos, classe diminuta, classe anônima, com a sua vida inteira amarrada à polé do trabalho hórrido, e que, de repente, só ao cruzar os braços, punha em sombra uma cidade inteira. (pp. 193-194)

(Naquele tempo, no vocabulário corrente da burguesia, "sindicato" queria dizer sobretudo grande companhia capitalista.)
Neste trecho ficam evidentes a solidariedade intensa em relação ao operário e a percepção do significado da greve como arma de luta, pairando acima de tudo o sentimento de revolta pela brutalidade duma organização social que destrói sistematicamente o pobre sem ao menos ter consciência dele. O artigo continua se expandindo em revolta humanitária, contando fatos de morte e exploração do trabalho, lembrando a dificuldade que os interesses capitalistas opõem aos que desejam se informar. Fala da perseguição sofrida pelos operários que ousam protestar contra esse estado de coisas:

De vez em quando, um desses devotados, também humilde mas possuído da vontade fraterna de melhorar a sorte dos companheiros, surge, fala de "emancipação do operariado" e de outras coisas graves, solenes e vazias. É um homem ao mar. Nem tu, nem aquele cavalheiro proprietário o conhecem. Mas a polícia já sabe que o bandido é um anarquista infame, os feitores não o largam com o olhar, os companheiros o evitam ou chasqueiam na sua ignorância das suas ideias de associação de classe, e o diretor da Companhia, a Companhia, o Sindicato, o Trust, a entidade absoluta e poderosa que detém as energias humanas enfim, tem o seu retrato com uma cruz no grupo fotográfico dos operários, recebe informações da sua pessoa, faz o *dossier* do crime para esmagá-lo com uma patada na primeira ocasião. (p. 199)

E essa tirada, quase no fim:

A greve! A greve é ainda uma anomalia entre nós, quando a exploração do capital é um fato tão negro como na Europa. Mas é que lá os humildes começam a se reconhecer e aqui eles ainda são tão pobres, tão tímidos, carne de bucha da sociedade, tão ignorados dela que se ignoram quase totalmente a eles mesmos. (pp. 200-201)

Nesses momentos raros e fortes, o diletante frívolo que se encarnava no barão Belfort ou em Godofredo de Alencar vale mais do que os seus críticos. E no dia do Juízo Final tais momentos haverão de ser computados como a sua hora e vez.

Feitos da burguesia

Maria Rita Galvão é uma das mais inspiradas e capazes estudiosas do cinema brasileiro. Formada sob a orientação de Paulo Emílio Sales Gomes, que influenciava essencialmente parecendo apenas sugerir, recebeu dele o gosto pelos levantamentos minuciosos da realidade, pela colheita aparentemente miúda dos fatos, que no entanto se transforma em visão elucidativa das produções do cinema e, através dele, da cultura brasileira.

Sob este aspecto a sua dissertação de mestrado, *Crônica do cinema paulistano* (São Paulo: Ática, 1975), é não apenas descoberta surpreendente de fatos salvos pela sua pesquisa, mas revisão do que sabíamos sobre a produção artística e cultural na cidade de São Paulo dos decênios de 1910 e 1920. Maria Rita demonstrou que enquanto a burguesia efetuava uma renovação nas artes plásticas, música e literatura, tendo como eixo a Semana de Arte Moderna, a pequena burguesia e o proletariado faziam também a sua, produzindo uma espécie de recalcada cultura dos bairros nos domínios então menos cotados do teatro e do cinema.

Com a mesma força de pesquisa e análise elaborou a tese de doutoramento, *Vera Cruz, a fábrica de sonhos*, defendida em 1976. Trata-se não apenas de um documentário notável, mas de uma vigorosa leitura ideológica das produções dessa empresa cinematográfica, alargando-se em interpretação dos feitos da burguesia paulistana no terreno da cultura.

Nesse texto rico e sugestivo, certos aspectos se prestam a um debate sobre o problema delicado das relações entre o condicionamento social (de classe), a função cultural e o significado estético. Com efeito, na análise que poderemos à falta de melhor designação chamar pela flutuante e imprecisa de "ideológica", às vezes há uma tendência a passar rapidamente da verificação ao juízo político, como se este devesse segui-lo e determinar o juízo estético; e como se, além disso, precisasse corresponder às nossas convicções. Nenhum de nós que nos aventuramos nesse exercício difícil está imune ao perigo ou deixou de incorrer na falta mencionada. Como disse, algumas posições de Maria Rita estimulam a reflexão a respeito, e foi o que procurei fazer como comentário marginal à tese, na qualidade de membro da comissão examinadora. O jornalista Luís Roberto Martins, a quem agradeço, gravou a minha intervenção e a publicou (revista por mim) numa reportagem sobre a sessão de defesa. É o que vai transcrito abaixo com pequenos reajustes.

***

A senhora fala da limpeza, clareza e elegância visadas pela Vera Cruz, e mostra como elas eram valores burgueses que correspondiam a um certo tom que a burguesia queria dar aos seus produtos. Perfeitamente. Mas acontece que, como todo produto cultural, por um lado eles estão ligados à sua (digamos) infraestrutura de classe, por outro lado desenvolvem autonomia e adquirem uma personalidade própria, que vai decidir quanto à sua validade. Porque se apenas espelham a classe a partir da qual se projetam, são produtos medianos. Um produto (sem perder as suas raízes de classe) só se projeta universalmente quando, de certa maneira, sai fora dessa matriz inicial. Então, dizemos que ele adquire um cunho universal. Para usar as suas palavras, é o caso dos "movimentos em profundidade, que fecundaram a burguesia e atingiram a sociedade global".[1]

---

[1] Maria Rita Galvão, *Crônica do cinema paulistano*, op. cit., p. 17.

Ora, eu creio que esses valores de limpeza, clareza, elegância, não são em si mesmos valores burgueses. São também valores universais. Portanto, avaliá-los sem certas precauções mais sutis, que talvez a senhora nem sempre tenha tomado, dá a impressão de que eles são valores ligados essencialmente à burguesia como coisa específica dela, ou da burguesia paulista em particular. Creio que a senhora viu bem a ligação destes e outros valores com a sua matriz burguesa, mas não viu a sua projeção eventual num plano mais alto.

Para esclarecer o meu pensamento, dou um exemplo da literatura brasileira do século XIX. A crítica progressista de então, ou mais precisamente Sílvio Romero, reagiu diante de Machado de Assis dum modo estranho, com uma incompreensão que chega à obtusidade. Sílvio censurava nele a falta de brasileirismo, — isto é, no fundo e entre outras coisas, o mesmo que nos nossos dias se veio a censurar nos filmes da Vera Cruz. Para Sílvio, Machado não era suficientemente brasileiro porque não descrevia a paisagem do Brasil, não se empenhava em seus romances nos grandes problemas sociais, não falava da Abolição. Portanto, dizia mais ou menos, Machado vem a ser um água-morna, um absenteísta, um homem afetado e de meio-termo, um homem (sentimos nas entrelinhas) que não está à altura de ser o grande escritor que era (infelizmente para o crítico).

Pensando assim, poderíamos dizer que em princípio Joaquim Manuel de Macedo seria muito mais realizado do ponto de vista brasileiro porque foi mais documentário e mais progressista que Machado. No seu romance *Os dois amores* (uma droga calamitosa), há uma página impressionante sobre o advento da futura sociedade em que o pobre pedirá contas ao rico, partindo da ideia de que na verdade há duas sociedades, não uma, isto é, pobres e ricos. Em *As vítimas algozes* há um tratamento extremamente liberal do problema da escravidão. E assim Sílvio Romero poderia dizer que Macedo estava mais ligado aos problemas sociais do homem e do Brasil, enquanto Machado representava uma visão desligada da realidade.

Raciocinando como Sílvio, que apesar de tudo foi um grande crítico, Machado poderia ser praticamente desqualificado, como de fato foi por ele. A ponto de dizer que José de Alencar era superior como romancista, Martins Pena como imagem do real, Tobias Barreto como poeta e humorista. Ora, essa obnubilação singular foi devida em parte ao fato de Sílvio ter sido coerente com a vontade de focalizar de maneira excessiva a funcionalidade social da obra. No entanto, por mais empenhados que estejamos num ponto de vista político, sabemos que a verdade não é absolutamente esta.

Para voltar ao assunto, eu diria que Machado de Assis, como a Vera Cruz, apresentava aqueles valores burgueses de elegância e refinamento; valores de classe, mas que representavam também mais coisas. Este problema de saber por que Machado de Assis ultrapassava o que representava, e por que Macedo e Alencar não ultrapassavam; ou por outra, por que em termos brasileiros a aparência não era realidade, está sendo bem destrinçado e explicado por Roberto Schwarz, cuja obra em andamento mostra por que Machado, sendo aparentemente o mais desligado, era o mais empenhado. Como Roger Bastide mostrara, faz trinta e tantos anos, que a paisagem brasileira, parecendo ausente dos seus livros, está neles por todo o lado, só que discretamente ajustada à composição do enredo.

Eu diria, portanto, que os valores que a senhora persegue o tempo todo na sua análise eram de fato burgueses; mas falta indagar se os filmes da Vera Cruz conseguiram fazer com que eles fossem também mais do que burgueses. Pessoalmente, acho que sim. A senhora acabou dizendo durante a arguição que eles lhe parecem profundamente brasileiros. Para mim também. Por isso fiquei espantado, lendo o seu trabalho, da *acusação* de estrangeirismo que parece pesar sobre eles o tempo todo. Sem razão maior. Os técnicos eram italianos, os montadores eram ingleses, alguns diretores eram também estrangeiros, mas os filmes são brasileiros... Como muita coisa do Brasil. É preconceito achar que uma coisa é mais brasileira do que outra porque é deste e não daquele lugar do país: porque o sujeito envolvido se chama Zampari em vez de se chamar Sousa. Assim, eu diria, inclusive me apoiando no que a senhora disse há pouco durante a arguição do meu antecessor, que esses valores eram burgueses, mas também mais do que burgueses. No seu trabalho, a senhora talvez devesse ter indagado se eles atingiram o limiar decisivo, a partir do qual adquirem a dimensão universal que os põe além da sua inevitável dimensão de classe.

Voltando ao significado geral da tese, digo que fiquei interessadíssimo no panorama bastante íntegro que a senhora dá daquele momento. A sua visão inicial é muito boa, embora eu também participe da dúvida de Décio de Almeida Prado: em algumas páginas a senhora dá a impressão de ter querido dizer que quando entra a ação econômica do Estado acaba o controle da burguesia. Ora, dentro da linha de argumentação que desenvolveu; pela sua formação; pelas suas bases teóricas, é claro que a senhora sabe que o Estado é instrumento da burguesia, e que portanto o fato dele estar custeando não tira o caráter burguês da empresa. Não foi certamente o que desejou dizer, mas nalguns momentos deu a impressão de que há domínio da burguesia sobretudo quando existe autonomia dos negócios e capacidade do próprio grupo se autofinanciar, sem a intervenção do Estado.

Apesar disso, achei muito interessante a sua análise política de apoio. A senhora descreveu o que foi, quem sabe, o último momento em que a cultura burguesa reinou incontrastada no Brasil como sendo "a cultura". O último momento em que a cultura "que fosse boa para a burguesia era boa para todos". Até então não se tinham manifestado visivelmente fora da burguesia forças que impusessem "culturas" paralelas. No fim do decênio de 1950 e começo do de 1960 a coisa começou a mudar. Naquela altura começamos a ver no Brasil, não de maneira isolada, através de vanguardas, mas como grandes movimentos de estudantes, populares e intelectuais, um esboço de processo muito mais intenso, capaz de interessar setores mais vastos da sociedade em seus diversos níveis. A este respeito se poderia falar realmente de um tipo de cultura que, embora protagonizada por pessoas que na maioria eram de origem burguesa, ou melhor, de classe média, estavam procurando se desprender dos interesses e mesmo de muitos valores mais especificamente burgueses. Refiro-me a coisas como o cinema novo, as tentativas de teatro popular, as caravanas para o Nordeste, que viu surgir a obra e ação de Paulo Freire e o avanço infelizmente logo cerceado do admirável governo de Miguel Arraes. O fenômeno foi tão importante que os poderes competentes tomaram providências imediatas... A partir de 1º de abril de 1964 tais providências foram drásticas em relação a tudo isso, a todo esse esboço de movimento cultural paralelo e até certo ponto antagônico ao da burguesia.

A Vera Cruz está ligada a um movimento anterior, completamente diverso e mesmo oposto. Movimento que, rico e importante como era, pertencia no entanto à cultura burguesa e suas perspectivas ideológicas próprias. Mas tendia sob certos aspectos, pela sua própria dinâmica, a ser de cultura tout court (dentro dos pressupostos indicados no início).

Para esclarecer o que digo vou ao começo do movimento. A senhora mostra que a burguesia paulista tradicional levou um golpe em 1930, mas que se exprimiu culturalmente a partir de então, entre outros fatores por causa da dimensão cultural que adquiriu. Culturalmente, a data de início deste movimento a que a Vera Cruz pertence foi a fundação dos institutos novos de ensino superior, a Escola de Sociologia e Política em 1933 e a Universidade de São Paulo em 1934. O movimento continuou com a atuação de Mário de Andrade no Departamento Municipal de Cultura a partir de 1935. Bem depois, no fim do decênio de 1940, é que vão surgir o Teatro Brasileiro de Comédia e, dele, a Vera Cruz. O que pretendo sugerir é que não se pode caracterizar secamente esse complexo de acontecimentos como "cultura burguesa", delimitada e sem mais qualificativos.

Teria sido preciso talvez desenvolver no seu trabalho certas deixas que semeou, inclusive com base em Lévi-Strauss, que foi professor desta Faculdade entre 1934 e 1938. Strauss percebeu que a Universidade de São Paulo dos primeiros tempos, com as suas missões estrangeiras e o seu êxito mundano, era um luxo da oligarquia e se prestava à piada (que ele não economiza). De fato, em nosso tempo de estudantes havia *matinées* dançantes no Hotel Esplanada, de que participavam alunos e os professores estrangeiros; e todo o mundo ia tomar chá na Confeitaria Vienense. Havia disso, é certo, mas eram aspectos contingentes e acessórios, que não tiravam a seriedade essencial do que estava acontecendo. Um historiador atual pode assinalar esses aspectos mundanos e proceder à análise do seu significado de classe; mas seria errado concluir daí que se tratava de uma empresa fútil da burguesia. Há um aspecto de dependência burguesa constritora, mas há outro lado a considerar: a cultura se construindo nos termos em que isso era possível. Imagine que no nosso tempo de estudantes só tivemos nesta Faculdade, em nível de bacharelado, aulas em francês e italiano nas seções de Filosofia e Ciências Sociais. Visto de hoje isso pode parecer desfrutável e alienante; uma espécie de inútil faculdade europeia pousada superficialmente nos trópicos. Mas não era.

Analisando bem, veremos que era de fato uma iniciativa da cultura burguesa, como não podia deixar de ser; era a oligarquia pagando o luxo de construir uma faculdade de tipo franco-italiano. Mas com isso, como bem viu Strauss, abriu as oportunidades para a formação moderna de um grupo no fundo inconformado em vários níveis. Grupo crescido no flanco da sociedade burguesa, constituído não apenas pelos seus rebentos mais inquietos ou francamente insatisfeitos, que recusavam o molde aristocratizante das escolas tradicionais, mas de elementos da pequena burguesia, professores primários comissionados, filhos de fazendeiros falidos. Assim nasceu a vocação crítica (no sentido amplo) da Faculdade de Filosofia, que perdura até hoje e já foi aliás ultrapassada por outras formações culturais. Pensando bem, o seu destino foi meio milagroso, porque ela era uma combinação dos valores da burguesia, querendo formar quadros ao seu modo e para seu apoio, e de valores mais gerais veiculados pelos professores franceses, trazendo a visão radical daquela era de Front Populaire. Assim se formou na Faculdade de Filosofia esse radicalismo modesto no próprio seio dos interesses burgueses e com estipêndio do Estado; modesto radicalismo que ficou sendo uma tradição e tem produzido efeitos positivos. Sobretudo o de criar em São Paulo um molde que foi progressista em relação ao que havia nas velhas faculdades, nas quais se enformavam os estudantes em molde conservador independentemente da origem social.

Isso é dito para sugerir a necessidade de matizar as análises ideológicas, a fim de compreender que, tanto no caso da Universidade de São Paulo quanto no da Vera Cruz, o que era expressão da cultura burguesa era também expressão de cultura, sem mais qualificativos. Era a cultura que podia haver, e que gerou no flanco a própria contestação; que suscitou antagonismos a ela mesma. Por isso alguns fundadores da Universidade de São Paulo costumavam dizer com melancolia que esta não era a universidade dos seus sonhos. Claro que não.

Eu ainda diria que no caso da Vera Cruz, mas sobretudo do Teatro Brasileiro de Comédia (TBC), que foi a sua matriz, ocorreram mais fatos de radicalização do que aparece no seu trabalho. A senhora sabe que vários dos jovens diretores italianos do TBC (que em seguida trabalharam também na Vera Cruz) eram homens de esquerda? Eles dirigiram peças que quase suscitaram problemas com a polícia. Cito um caso: a *Ópera dos mendigos*, montagem de Ruggero Jacobbi, sobre a qual chegou-se a falar em proibição. Outro caso foi o de *Ralé*, de Górki, montagem de Flaminio Bollini. Até mesmo a maneira pela qual Jacobbi dirigiu *O mentiroso*, de Goldoni.

Portanto, dentro desse mundo que a senhora descreve como risonho e maciçamente aderente a uma visão eufórica, limpa e polida da burguesia, houve, pela dinâmica própria da vida brasileira, muitos sinais de contracorrente. E é o que tem acontecido mais de uma vez: vem a oligarquia, vem a cultura estrangeira de encomenda, criam-se as coisas com um certo intuito, — e no entanto brota ao lado uma plantinha incômoda que não estava prevista.

Tudo isso são reflexões a propósito e à margem da sua tese. São sugestões para a senhora ver que a análise ideológica deve ser feita com cuidado, a fim de não cairmos naquelas simplificações terríveis de gabar quem está do nosso lado e vilipendiar quem está do outro. Do tipo: o que são valores burgueses? São aqueles contra os quais nós estamos. O que é análise ideológica? É mostrar que tal autor é safado porque não está ao lado do povo, e tal escritor é bom porque está.

Muita gente boa cai nisso sem querer. Não a senhora, é claro.

Adendo:

Para completar as indicações a respeito do papel social de instituições que a burguesia programou, mas que tomaram rumos diferentes, ou não corresponderam inteiramente ao esperado pelos programadores, cito dois trechos de uma entrevista que dei à revista *Trans-form-ação* em 1974:

> Naqueles decênios de 1930 e 1940 formou-se aqui (no Brasil), além do pensamento de esquerda, que atingiu setores mais restritos, um pensamento radical de classe média, que envolveu mesmo a maior parte dos socialistas e comunistas e a meu ver representou um enorme progresso. De fato, foi a primeira vez que surgiu de modo ponderável uma visão não aristocrática do Brasil; a última visão aristocrática de peso foi a de Gilberto Freyre, apesar dos elementos que trouxe para a sua superação. Nesse período nós vimos a expansão dos estudos sociais sobre o negro e em geral sobre as populações pobres; vimos minguar o ufanismo e a ideologia patrioteira dos livros de leitura. Isso favoreceu a formação de um pensamento radical.
>
> [...]
>
> (A Faculdade de Filosofia da Universidade de São Paulo) deu elementos decisivos para a formulação daquele pensamento radical que se desenvolveu em todo o Brasil.
>
> Note-se que ela tem sido quase por instinto fiel a esse tipo de pensamento, o que leva frequentemente a esquerda a subestimar o seu papel, achando que ela devia, por exemplo, fazer a revolução... Ora, o seu interesse maior (dentro das possibilidades da ordem burguesa) foi justamente favorecer um pensamento radical, e não assumir (uma impossível) posição revolucionária. Isso representou grande progresso em relação ao que eram as faculdades brasileiras, que na melhor hipótese formulavam ou abrigavam posições liberais tradicionais como ponto extremo, porque o grosso do pensamento era maciçamente conservador e não raro reacionário.

Entre os professores e alunos da nossa Faculdade há um pouco de tudo, é claro; mas estou pensando na sua tonalidade ideológica média enquanto instituição, que favorece o espírito de crítica e exame num sentido progressista, tornando mais difícil do que em outras escolas as manifestações coletivas de cunho reacionário e mesmo conservador. Um exemplo: em 1964, apesar da maioria dos seus titulares ser provavelmente simpática ao movimento armado, ela foi a única faculdade de São Paulo, salvo erro, que não fez manifesto de apoio. Creio que os próprios professores de direita sentem por instinto que há nela uma certa tradição que os leva nessas ocasiões a agirem como liberais, no sentido forte do termo. Concordo que isto leva também os professores radicais a um certo absenteísmo compensatório. Mas o ponto de vista crítico se mantém como tônica, refletindo-se na produção intelectual.

Nesse sentido lembremos a obra de Florestan Fernandes e sua equipe[2] os estudos sobre o negro a partir de Roger Bastide; alguns trabalhos históricos feitos com ânimo de revisão de valores e conceitos; o desvendamento das condições de vida por vários geógrafos; a vigilância intelectual de muitos estudiosos de filosofia e literatura. E não esqueçamos que desse espírito surgiram instituições como o Cebrap. É a tudo isso que chamo genericamente de "pensamento radical", sem fazer caso dos matizes. A partir do decênio de 1930 ele foi a primeira formulação coerente, em nível institucional, da classe média progressista, que deste modo se exprimiu, não como cupincha da oligarquia, mas como categoria autônoma. Para muitos isso parecerá ridiculamente pequeno-burguês. Mas em perspectiva histórica é algo ponderável e positivo, porque significa a radicalização da classe média nas instituições culturais, com todo o deslocamento para a frente que isso implica em relação às posições tradicionais.

2 Refiro-me à contribuição destas obras para a "tonalidade média" que estou procurando definir. Não ao seu teor específico, muito mais avançado politicamente.

O congresso dos escritores

A mania de comemorar é quase tão perigosa quanto a de inaugurar, porque ambas podem servir para impor à opinião pública uma versão dirigida dos fatos, em benefício de pessoas, governos ou grupos que desejam a realidade indevidamente deformada. Por isso, o intuito deste artigo não é propor comemoração de nada, nem mesmo fazer retórica sentimental sobre acontecimentos passados, como está ficando cada vez mais em moda neste tempo de complacência autobiográfica; mas apenas lembrar que certos momentos do passado podem servir de pretexto ou estímulo para refletir sobre o presente.

No fim de 1944 estávamos em regime de ditadura no Brasil, como todos sabem. Uma ditadura que já se ia dissolvendo, porque o ditador de então começara por acertar o passo com as chamadas Potências do Eixo; mas quando os Estados Unidos entraram na guerra e pressionaram no mesmo sentido os seus dependentes, ele não só passou para o outro lado como teve de concordar que o país interviesse efetivamente na luta, como aliás pedia a opinião pública, às vezes em manifestações de massa que foram as primeiras a quebrar a rotina disciplinada de tranquilidade aparente nas grandes cidades.

Essa orientação externa contrastava com a situação política interna, assentada desde 1937 na restrição drástica da liberdade de opinião, com censura total da imprensa, punições para as discordâncias públicas, repressão contra os opositores ativos, demissões e aposentadorias dos inconformados, tribunais de exceção, tortura (incipiente), confisco de livros, hipertrofia do conceito de segurança, transformada em palavra-chave e onímoda. Como não havia Senado, Câmara nem Assembleias, dissolvidas pelo golpe de 10 de novembro daquele ano, o arrocho era completo.

Em 1942 tinha sido fundada no Rio de Janeiro a Associação Brasileira de Escritores, que logo se multiplicou em seções estaduais. Havia no intuito dos fundadores a ideia de criar uma associação de classe, voltada em parte para o problema então muito mal atendido dos direitos autorais, e alguns membros da primeira e da segunda hora ficaram sempre mais ou menos limitados a isso. Mas o grosso das preocupações foi estabelecer uma agremiação que organizasse os escritores e intelectuais em geral para a oposição à ditadura do Estado Novo. Tanto assim que da ABDE (sigla rapidamente consagrada) não faziam parte os mais ou menos chegados ao governo, seja porque o apoiavam ideologicamente, seja porque trabalhavam, com ou sem convicção política, em organismos oficiais de informação e propaganda, que então proliferavam, ou escreviam assiduamente em publicações orientadas neste sentido.

Em 1944 a ABDE cogitou de realizar um Congresso de Escritores, o primeiro do Brasil. Não sei quem teve a ideia, nem quais foram as primeiras providências, mas estou quase certo de que tudo partiu do Rio para logo repercutir em São Paulo. Naquele tempo o presidente nacional da Associação era Aníbal Machado, e o da seção paulista Sérgio Milliet, ambos de clara inclinação para as definições políticas do intelectual, tema particularmente vivo e debatido depois de 1930, com a radicalização acentuada de posições, para a direita ou para a esquerda. Em 1944, o congresso projetado visava a uma tentativa de congraçamento de todos os opositores do Estado Novo, passando por cima das divergências não apenas entre esquerda e liberais, mas dentro da própria esquerda, o que geralmente é mais difícil... Foi essencialmente um movimento de frente única das diversas correntes, com um senso de entendimento mútuo que levou quase toda a gente a entrar em compasso de trégua e até reconciliação, havendo muito aperto de mãos entre desafetos e acordo de paz para velhas brigas. O essencial era unir taticamente as forças contra a ditadura.

A escolha de São Paulo como sede talvez tenha sido devida ao desejo de não ficar muito perto do governo federal e seu aparelho repressor, que naquele tempo era mais concentrado no Rio. Seja como for, o congresso foi mesmo aqui, com sessão de abertura em 22 de janeiro de 1945 na Biblioteca Municipal, todas as sessões de trabalho no Centro do Professorado Paulista, rua da Liberdade, e um encerramento apoteótico no Teatro Municipal, no dia 27, quando se comunicou ao público a esperada Declaração de Princípios.

Ela tinha sido bastante discutida e elaborada, porque se tratava de ser firme sem provocação, de ser explícito sem entrar em considerações doutrinárias, de exprimir o mínimo aceitável por um leque aberto de opiniões — desde conservadores oposicionistas até esquerdistas de vário matiz. A redação ficou a cargo da Comissão "D", de assuntos políticos, da qual faziam parte: Alberto Passos Guimarães, Arnon de Melo, Astrojildo Pereira, Caio Prado Júnior, Carlos Lacerda, Dyonelio Machado, Fritz Teixeira de Sales, Jair Rebelo Horta, Jorge Amado, Moacir Werneck de Castro, Osório Borba, Paulo Emílio Sales Gomes, Prado Kelly e Raul Ryff. Carlos Drummond de Andrade, que também fora eleito, não pôde vir ao Congresso. Creio que nem todos os mencionados participaram da elaboração do documento, na qual tiveram papel decisivo Caio Prado Júnior e Prado Kelly; em compensação, outros que não pertenciam à Comissão "D" colaboraram, como foi o caso de Homero Pires e, se bem me lembro, Hermes Lima.

Lido hoje, depois de tanta água corrida e turvada, o documento pode causar certa perplexidade, porque, sendo simples, curto e aparentemente ameno, não dá impressão de ter requerido tanta discussão e causado tanto impacto. Aliás, durante as sessões o clima de oposição e as palavras usadas foram muito mais duras e explícitas, porque os mais radicais falaram abertamente. O plenário tomou conhecimento da declaração no final dos trabalhos, quando o presidente Aníbal Machado deu a palavra a Dyonelio Machado para lê-la. Astrojildo Pereira propôs que todos a ouvissem de pé, e foi sob uma enorme tensão emocional, naquela atmosfera de opressão política onde a palavra "democracia" era subversiva e falar em eleição podia dar cadeia, que o grande romancista gaúcho leu o texto:

> Os escritores brasileiros, conscientes da sua responsabilidade na interpretação e defesa das aspirações do povo brasileiro, e considerando necessária uma definição do seu pensamento e de sua atitude em relação às questões políticas básicas do Brasil, neste momento histórico, declaram e adotam os seguintes princípios:
>
> 1º A legalidade democrática como garantia de completa liberdade de expressão do pensamento, da liberdade de culto, da segurança contra o temor da violência e do direito a uma existência digna.
>
> 2º O sistema de governo eleito pelo povo mediante o sufrágio universal, direto e secreto.
>
> 3º Só o pleno exercício da soberania popular em todas as nações torna possível a paz e a cooperação internacional, assim como a independência econômica dos povos.
>
> Conclusão — O Congresso considera urgente a necessidade de ajustar-se a organização política do Brasil aos princípios aqui enunciados, que são aqueles pelos quais se batem as forças armadas do Brasil e das Nações Unidas.

Aprovado por aclamação, o documento foi assinado por todos os presentes, conforme proposta de Caio Prado Júnior. No mesmo dia, à tarde, foi lido no Teatro Municipal, com solenidade, muita gente e temperatura emocional elevadíssima.

A sua importância foi grande, por ter sido a primeira vez que uma declaração contra a ditadura era feita na presença de pelo menos 2 mil pessoas, com aquela força de adesão coletiva. Em 1943 um grupo de políticos de Minas Gerais tinha lançado o famoso e histórico Manifesto ao Povo Mineiro, que foi de fato o primeiro ataque articulado à situação; mas não foi comunicado diretamente ao público. Ainda em 1943, numerosos estudantes de São Paulo lançaram um manifesto enérgico à nação, reclamando a restauração dos direitos democráticos e protestando contra a prisão de um colega. Mas nem um nem outro puderam agitar imediatamente um grupo concreto, como o que aclamou o dos escritores naquela tarde. É que em 1943 a situação era bem mais dura: os signatários mineiros, chamados pelo ditador de "leguleios em férias", foram exemplarmente punidos com a perda de cargos e funções; os estudantes de São Paulo foram dispersados a tiro, resultando a morte de duas pessoas e ferimentos em 25. Em 1945, como é claro quando se vê de agora, a ditadura já estava meio acuada e não molestou ninguém. Mesmo porque, dali a pouco a famosa entrevista de José Américo de Almeida começou a pôr abaixo o seu edifício abalado e a liberdade de imprensa e associação rompeu por toda a parte.

Só então os jornais puderam divulgar mais a Declaração de Princípios do I Congresso Brasileiro de Escritores, que desde logo tinha sido impressa e distribuída em volantes que rodaram por todo o país. E com isto se entende a importância e o efeito de um documento lacônico, planejado para congraçar as oposições, e cuja força estava na simplicidade direta com que reivindicava o que fazia falta. Geralmente as coisas essenciais são simples, enquanto os conceitos retorcidos e ambíguos, e as cascatas de palavras, podem servir para esconder o vazio ou evitar o confronto com a reta singeleza dos princípios que definem o necessário para viver com dignidade, como proclamou o Congresso, e como queremos todos nós, trinta anos depois.

A verdade da repressão

Balzac, que percebeu tanta coisa, percebeu também qual era o papel que a polícia estava começando a desempenhar no mundo contemporâneo. Fouché a tinha transformado num instrumento preciso e onipotente, necessário para manter a ditadura de Napoleão. Mas criando dentro da ditadura um mundo paralelo, que se torna fator determinante e não apenas elemento determinado.

O romancista tinha mais ou menos dezesseis anos quando Napoleão caiu, e assim pôde ver como a polícia organizada por Fouché adquirira por acréscimo (numa espécie de desenvolvimento natural das funções) o seu grande papel no mundo burguês e constitucional que então se abria: disfarçar o arbítrio da vontade dos dirigentes por meio da simulação de legalidade.

A polícia de um soberano absoluto é ostensiva e brutal, porque o soberano absoluto não se preocupa em justificar demais os seus atos. Mas a de um Estado constitucional tem de ser mais hermética e requintada. Por isso, vai-se misturando organicamente com o resto da sociedade, pondo em prática um modelo que se poderia chamar de "veneziano" — ou seja, o que estabelece uma rede sutil de espionagem e de delação irresponsável (cobertas pelo anonimato) como alicerce do Estado.

Para este fim, criam-se por toda a parte vínculos íntimos e profundos. A polícia se disfarça e assume uma organização dupla, bifurcando-se numa parte visível (com os seus distintivos e as suas siglas) e numa parte secreta, com o seu exército impressentido de espiões e alcaguetes, que em geral aparecem como exercendo ostensivamente uma outra atividade. Este funcionamento duplo permite satisfazer também a um requisito intransigente da burguesia, dominante desde os tempos de Balzac e dispensado só nos casos de salvação da classe: a tarefa policial deve ser executada implacavelmente, mas sem ferir demais a sensibilidade dos bem-postos na vida. Para isso, é preciso esconder tanto quanto possível os aspectos mais desagradáveis da investigação e da repressão.

Para obter esse resultado, a sociedade suscita milhares de indivíduos de alma convenientemente deformada. Assim como os "comprachicos" d'*O homem que ri*, de Victor Hugo, estropiavam fisicamente as crianças a fim de obterem aleijões para divertimento dos outros, a sociedade puxa para fora daqueles indivíduos a brutalidade, a privação, a frustração, a torpeza, a tara — e os remete à função repressora.

Daí o interesse da literatura pela polícia, desde que Balzac viu a solidariedade orgânica entre ela e a sociedade, o poder dos seus setores ocultos e o aproveitamento do marginal, do degenerado, para o fortalecimento da ordem. Nos seus livros há um momento onde o transgressor não se distingue do repressor, mesmo porque este pode ter sido antes um transgressor, como é o caso de Vautrin, ao mesmo tempo o seu maior criminoso e o seu maior policial.

Dostoiévski percebeu uma coisa mais sutil: a função simbólica do policial como sucedâneo possível da consciência, — a sociedade entrando na de cada um através da pressão ou do desvendamento que ele efetua. Em *Crime e castigo*, o juiz de instrução Porfíri Pietróvitch vai-se tornando para Raskólnikov uma espécie de desdobramento dele mesmo.

Mas foi Kafka, n'*O processo*, quem viu o aspecto por assim dizer essencial e ao mesmo tempo profundamente social. Viu a polícia como algo inseparável da justiça, e esta assumindo cada vez mais um aspecto de polícia. Viu de que maneira a função de reprimir (mostrada por Balzac como função normal da sociedade) adquire um sentido transcendente, a ponto de acabar se tornando a sua própria finalidade. Quando isso ocorre, ela desvenda aspectos básicos do homem, repressor e reprimido.

Para entrar em funcionamento, a polícia-justiça de Kafka não tem necessidade de motivos, mas apenas de estímulos. E uma vez em funcionamento não pode mais parar, porque a sua finalidade é ela própria. Para isso, não hesita em tirar qualquer homem do seu trilho até liquidá-lo de todo, física ou moralmente. Não hesita em pô-lo (seja por que meio for) à margem da ação, ou da suspeita de ação, ou da vaga possibilidade de ação que o Estado quer reprimir, sem se importar se o indivíduo visado está envolvido nela. Em face da importância ganha pelo processo punitivo (que acaba tendo o alvo espúrio de funcionar, pura e simplesmente, mesmo sem motivo), a materialidade da culpa perde sentido.

A polícia aparece então como um agente que viola a personalidade, roubando ao homem os precários recursos de equilíbrio de que usualmente dispõe: pudor, controle emocional, lealdade, discrição, — dissolvidos com perícia ou brutalidade profissionais. Operando como poderosa força redutora, ela traz à superfície tudo o que tínhamos conseguido reprimir, e transforma o pudor em impudor, o controle em desmando, a lealdade em delação, a discrição em bisbilhotice trágica.

Daí uma espécie de monstruosa verdade suscitada pela polícia. Verdade oculta de um ser que ia penosamente se apresentando como *outro*, que de fato era *outro*, na medida em que não era obrigado a recair nas suas profundidades abissais. Aliás, seria mais correto dizer que o *outro* é o suscitado pela polícia. O *outro*, com a sua verdade imposta ou desentranhada pelo processo repressor, extraída, contra a vontade, dos porões onde tinha sido mais ou menos trancada.

De fato, a polícia tem necessidade de construir a verdade do *outro* para poder manipular o eu do seu paciente. A sua força consiste em opor o *outro* ao *eu*, até que este seja absorvido por aquele e, deste modo, esteja pronto para o que se espera dele: colaboração, submissão, omissão, silêncio. A polícia esculpe o *outro* por meio do interrogatório, o vasculhamento do passado, a exposição da fraqueza, a violência física e moral. No fim, se for preciso, poderá inclusive empregar a seu serviço este *outro*, que é um novo *eu*, manipulado pela dosagem de um ingrediente da mais alta eficácia: o medo, — em todos os seus graus e modalidades.

***

Um exemplo dessa redução degradante é o comportamento do delegado com o encanador, no filme *Inquérito sobre um cidadão acima de qualquer suspeita*, de Elio Petri.

O delegado, que é também o criminoso, resolve brincar com o destino e como que provar o mecanismo autodeterminante da polícia, a sua finalidade em si mesma. Para isso, dirige-se a um transeunte qualquer, escolhido ao acaso, e confessa que é o matador procurado, dando como prova a gravata azul-celeste que usa e fora vista nele. Convence então o pobre transeunte a ir à polícia e relatar o fato, dando-lhe para levar como indício (e evidentemente como baralhamento do indício) diversas gravatas iguais, que mostrariam como era a do assassino.

Chegando à polícia, o transeunte, que é encanador, dá de cara com o assassino que se confessara na rua, e que ia delatar; mas que agora está no seu papel de delegado. Este o interroga com brutalidade e o pressiona física e moralmente para dizer quem era o assassino que se desvendara a ele na rua. Mas o pobre-diabo, completamente desorganizado pela contradição inexplicável, não tem coragem para tanto. Com isso, vai ficando suspeito, vai-se caracterizando legalmente como possível criminoso, até desaparecer dos nossos olhos, trôpego, arrasado, por uns corredores sujos que levam aonde bem suspeitamos.

A força que o paralisa, e que nos paralisaria eventualmente, vem de uma ambiguidade, misteriosa na aparência, mas eficaz, cuja natureza foi sugerida acima: o repressor e o transgressor são o mesmo, não apenas fisicamente e do ponto de vista dos papéis sociais, mas ontologicamente (o *outro* é o *eu*).

Tudo nesse episódio é modelar: a gratuidade com que se escolhe o culpado; a imposição de um comportamento não intencional (ir à polícia com as gravatas azuis no braço, delatar um criminoso sem nome, que não interessa); o baralhamento da verdade, quando ele constata que o homem que se denunciara como assassino é também o delegado; a transformação do inocente em suspeito e do suspeito em delinquente, aceita pelo próprio inocente, do fundo da sua desorganização mental, forjada pela inquirição.

O fulcro desse processo talvez seja aquele momento do interrogatório em que o delegado pergunta ao pobre-diabo, já zonzo, qual é a sua profissão.

— Sou hidráulico, responde ele.

O delegado esbraveja:

— Qual hidráulico qual nada! Agora toda a gente quer ser alguma coisa bonita! O que você é é encanador, não é? En-ca-na-dor! Por que hi-dráu-li-co?!

E o desgraçado, já sem fôlego nem prumo:

— Sim, sou encanador.

(Cito de memória porque não tenho o roteiro.)

Vê-se que o pobre homem, a exemplo de toda a sua categoria profissional, tinha adotado uma designação de cunho técnico (*idraulico*, em italiano), que o afasta da velha designação artesanal "encanador" (*stagnaro*, em italiano), e assim lhe dá a ilusão de um nível aparentemente mais elevado, ou pelo menos mais científico e atualizado. Mas o policial o *reduz* ao nível anterior, *desmascara* a sua autopromoção, tira para fora a sua *verdade* indesejada. E no fim, é como se ele dissesse:

> — Sim, confesso, não sou um técnico de nome sonoro, que evoca inocentemente alguma coisa de engenharia; sou mesmo um pobre-diabo, um encanador. Estou reduzido ao meu verdadeiro *eu*, libertado do *outro*.

Mas na verdade, foi a polícia que lhe impôs o *outro* como *eu*. A polícia efetuou um desmantelamento da personalidade, arduamente construída, e trouxe de volta o que o homem tinha superado. Sinistra mentalidade redutora, que nos obriga a ser, ou voltar a ser, o que não queremos ser; e que mostra como Alfred de Vigny tinha razão, quando anotou no seu diário:

> Não tenha medo da pobreza, nem do exílio, nem da prisão, nem da morte. Mas tenha medo do medo.

Integralismo = fascismo?

Ao abrir este livro, pode o leitor estar certo de que abriu um estudo de alto valor, feito com tenacidade crítica, força de convicção, solidez de argumentos, coragem mental, clareza expositiva e grande originalidade. Não é só uma interpretação em profundidade do integralismo, sobretudo na vertente própria ao seu fundador e chefe, Plínio Salgado; mas também a proposta de um certo modo de investigar os fatos da sociedade e da história brasileira, procurando instaurar o significado decisivo da particularidade contra os eventuais perigos de uma visão indiferenciada, que borra os contornos específicos da realidade. Um livro, portanto, que vale como informação e reflexão, mas também como estímulo metodológico.

O autor nem sempre é conciso, e o leitor poderia censurar cordialmente uma certa prolixidade, que talvez tenha ocorrido porque ele "não teve tempo de ser breve". Mas com certeza louvará a paixão intelectual presente em cada linha, reforçando a precisão dos conceitos. A precisão, aliás, parece ter sido especialmente visada pelo autor, que muito justamente não se conforma com meias noções e procura sempre o maior rigor possível. Mesmo que isso o leve por vezes a um certo gosto que eu chamaria sem malícia de escolástico pelo jogo das provas e as finuras da argúcia. Mas o que resulta é um texto concatenado e inteligível, com alguns arabescos sintáticos, é verdade, mas sem a neblina expositiva que anda na moda e parece aumentar o prestígio de quem a usa na razão inversa do grau de compreensão de quem lê.

Como atitude, é apreciável a objetividade com que o integralismo e o seu figurante principal são abordados e analisados por alguém que se situa ideologicamente no polo oposto. Antes de *avaliar*, Chasin preferiu *estudar* seriamente, como se não tivesse juízos prévios. Esta atitude só pode reforçar os comentários finais do capítulo IV, que enfeixam o diagnóstico severo formado ao longo da investigação sobre esse movimento aparentemente uno (por causa das manifestações externas altamente formalizadas), mas de fato complexo e mesmo compósito, como demonstrou Hélgio Trindade num livro essencial (nem sempre avaliado neste com inteira justiça), e como Chasin reforça, dizendo que "talvez seja mais correto falar de *integralismos* do que de integralismo".

Confesso que a leitura me fez voltar quase insensivelmente às experiências de moço, no decênio de 1930, quando os meus companheiros e eu éramos contra o integralismo, mas nos interessávamos por ele e tínhamos colegas e amigos integralistas com os quais convivíamos bem, apesar de algum pega ocasional, como o que nos levou, no Ginásio, a uma cisão e consequente retirada do jornalzinho que editávamos e do grêmio que fundáramos.

Procurando um primeiro esclarecimento por meio dessa forma precária mas viva de conhecer que é a impressão pessoal, lembro que muitos rapazes se tornavam integralistas por uma espécie de insatisfação contra as oligarquias, particularmente ostensivas nas pequenas cidades. Ou querendo promover de maneira paternalista, mas sincera, os direitos do Trabalho em face do Capital (manipulado perfidamente pelos "banqueiros internacionais", os "judeus de Wall Street"). Tinha os que aderiam por devoção religiosa, prolongando o espírito de catecismo e Congregação Mariana, numa piedade assustada que procurava garantias de manutenção da Igreja (como era então) contra o que chamavam "o materialismo ateu do nosso tempo" e englobava um medo irracional do comunismo. Alguns obedeciam a um sentimento aristocrático e/ou nacionalista de alta tensão patriótica, desejando preservar "as nossas tradições"; mas muitos mais seguiam uma espécie de surdo instinto conservador pequeno-burguês, nostálgico de um passado mais próspero e temeroso de proletarização. Nem faltava os que eram levados por um sentimento literário, arrebatados na retórica verde-amarela do chefe e vendo no movimento o encontro (sempre buscado em nossa literatura) com a verdade verdadeira do país. E praticamente em todos, pelo menos um incremento do vago antissemitismo latente no católico médio.

O espetáculo e a vivência das reuniões exaltadas, com brados retumbantes, insígnias, hierarquia, davam a eles segurança, bem-estar, e justificavam também o ódio ao adversário. Alguns que conheci eram de mentalidade agressivamente fascista, não faltando quem fosse membro dos grupos de choque, cujo distintivo, se bem me lembro (usado atrás da lapela do paletó), era um escudo vermelho com uma espada dourada e o sigma na parte superior. Estes podiam ser espancadores nas expedições punitivas, dando com prazer às vítimas o óleo de rícino avacalhante de origem mussoliniana. Mas não cheguei a conhecer os nazistões racistas que sabia existirem em torno de Gustavo Barroso ou nas colônias de origem alemã, no Sul. Que era um movimento variado e complexo, não há sombra de dúvida.

É justo dizer, portanto, que na minha geração o ingresso nas "hostes do sigma", como diziam, não foi para muitos rapazes adesão consciente a uma modalidade de fascismo, mas fruto de inquietação honesta, embora quase sempre reacionária, nascida da revolta contra o império do coronelismo atrasado e bilontra, mascarado de "imortais princípios de 89". O integralismo lhes parecia, com efeito, uma "solução nacional", e muitos deles largaram o movimento assim que o seu aspecto fascista se evidenciou ou se tornou insuportável, com os progressos do nazismo e sobretudo a guerra, que os obrigou a optar entre uma tradição mais liberal, própria dos Aliados, e o autoritarismo de cunho militar que predominava nas Potências do Eixo. Assim, mesmo partindo da mera experiência pessoal, bem sei quanto é preciso pensar com objetividade, ter o senso dos matizes e calcular a força especificadora das condições históricas.

Por isso, já agora no plano da análise conceitual, aceito como legítimo o pressuposto básico deste livro: o esforço lógico e político de *distinguir*. Distingo, logo penso — poderia ser o lema para as discussões sobre a atividade da inteligência. Com efeito, por vezes as generalizações desfiguram e correm o risco de ser um ocultamento da realidade; e o desconhecimento dos traços particulares pode abrir caminho para a confusão, porque corresponde ao vezo de explicar tudo por cima, numa penumbra onde todos os gatos do mundo e da mente são confortavelmente pardos. Pensemos no malefício teórico e prático que podem exercer proposições como: "Quem não é fascista é comunista", ou "Quem não é comunista é fascista"; ou esta, muito em voga nos mais variados escalões: "Comunismo e fascismo são a mesma coisa, porque são totalitarismos". Uma das mais trágicas dessas generalizações ideologicamente interessadas foi a que os comunistas alemães efetuaram no começo do decênio de 1930, classificando os socialistas de "social-traidores" e considerando-os da mesma laia que os nazistas. Resultado foi a desunião das esquerdas e a vitória eleitoral de Hitler. Generalização simetricamente funesta fizeram muitos socialistas que, impressionados pelos lados mais negativos do stalinismo, englobaram todo o comunismo num "fascismo vermelho", o que só serviu para confundir a visão correta do problema e, não raro, convergiu com a reação burguesa.

Para Chasin, a identificação do integralismo ao fascismo é uma generalização deformante; mas a sua retificação diferenciadora visa a restabelecer o que lhe parece a verdade, e não a *melhorar* a visão do integralismo, que para ele é adversário, tanto quanto para os que fazem aquela identificação.

O seu principal ponto de apoio teórico talvez seja a discussão sobre o conceito de totalitarismo, que funcionaria, para os que os identificam, como denominador comum de ambos os movimentos. Mas é claro que a sua veemente discussão mira mais longe; visa ao próprio conceito, que serve à crítica liberal para operar a assimilação muito mais grave entre fascismo e comunismo, na medida em que ambos seriam afastamentos de um modelo ideal, suprassumo da filosofia e da organização política, — o do liberalismo. Pelo fato de restringirem ou suprimirem as garantias jurídicas dos direitos individuais, fascismo e comunismo seriam totalitarismos, igualados na vala comum dos inimigos das liberdades democráticas.

A distinção corretora de Chasin é vigorosa e bem conduzida; mas talvez, no afã de desqualificar o conceito, ele haja atenuado a possibilidade de registrar os fatos. As medidas e práticas mutiladoras da liberdade individual ("normais" nos regimes fascistas e análogos) devem ser encaradas objetivamente quando ocorrem nos regimes que, na raiz e nas metas, são efetivamente revolucionários. O que é preciso é distinguir as restrições justificáveis e as injustificáveis das liberdades democráticas, que aliás conviria não vincular tão organicamente ao liberalismo, porque isso pode ser um modo de "fazer o jogo" burguês. O liberalismo proclamou como suas, e apenas suas, conquistas que na verdade escapam ao contexto do capitalismo e da prática política burguesa, que as condicionaram em parte sob a forma por que as conhecemos. Mas a verdade é que um dos desígnios históricos do socialismo, desde a sua configuração plena na primeira metade do século XIX, foi tentar dar realidade efetiva a essas liberdades e torná-las patrimônio de todos os homens, não privilégio de grupos oficialmente considerados de "cidadãos", em detrimento de outros. Justamente para isso, para torná-las bem comum, é que pensadores como Marx procederam à análise desmascaradora do sistema capitalista, mostrando que só o fim da propriedade privada dos meios de produção e a superação da economia de mercado permitiriam instaurá-las na sua plenitude, isto é, para todos. Quando um regime alega que as restringe ou suprime porque são conceitos de classe ou preconceitos burgueses, não devemos acompanhá-lo nesta escamoteação, mas indagar por que, como, até quando foram suspensas. Em Cuba elas foram parcialmente postas entre parênteses a fim de construir o socialismo; no Brasil, para impedir a marcha dele; em consequência, a sua restrição pode se justificar em Cuba, mas não no Brasil. Isso posto, não se pode negar que em ambos os casos está presente um fermento do chamado "totalitarismo". Não creio que se ajude a causa do socialismo negando que na Rússia ocorreram traços deste tipo, equivalentes aos que ocorreram nos regimes fascistas: ausência de liberdade de opinião e associação, supressão de garantias individuais, terror policial etc. Mas a grande diferença é que no primeiro caso tratava-se de construir uma sociedade igualitária e progressista num mundo hostil, em meio a erros, atrasos, tropeços, abusos de toda sorte, além de uma tradição milenar de tirania absoluta; no segundo caso, tratava-se de frear, em países de estrutura política muito mais favorável, o advento dessa sociedade, procurando manter tudo aquilo que constitui o peso morto do passado.

No primeiro caso, portanto, houve supressão ou não estabelecimento de práticas que o socialismo sempre reputou humanizadoras e essenciais para a sua realização; e que deverão por isso voltar um dia, conforme está implícito em sua filosofia. No segundo caso, o intuito foi a supressão de uma vez por todas, porque elas foram reputadas desnecessárias e mesmo perniciosas, conforme está explícito na filosofia dos movimentos fascistas, que as substituem por sucedâneos mais ou menos caricaturais. Isso não importa em dizer que os fins justificam os meios (no caso russo); meios e fins são inseparáveis no processo dialético e só se definem reciprocamente, em função da totalidade que lhes dá significado.

Para voltar ao nosso caso, quero dizer que é possível abrir uma discussão sobre a natureza do fascismo rejeitando o conceito de totalitarismo, contanto que isto não sirva para um outro mascaramento da realidade.

Não é a intenção de Chasin, obviamente; mas aproveitei para um excurso que me parece útil e para exprimir, agora, uma impressão de leitura: que o nosso autor ficou talvez excessivamente preocupado em criticar o conceito e, com isso, não apenas desenvolveu o assunto mais do que o contexto pedia, mas deixou de formular uma caracterização do fascismo, que servisse de ponto de apoio para a sua análise. O leitor conclui que o totalitarismo é um conceito burguês mistificador, que sob pretexto de definir o fascismo quer no fundo desqualificar simultaneamente o comunismo, não tendo, portanto, valor científico para identificar integralismo e fascismo. Mas (pensa) o que vem afinal a ser este, exatamente? A resposta não se encontra de maneira concentrada no livro. Além disso, como veremos, o autor deixou de lado outros elementos que poderiam ter alargado a discussão e talvez fizessem ver, ao lado das diferenças, as afinidades entre fascismo e integralismo.

Para efetuar a sua análise diferencial, ele mostra diversos pontos de divergência e mesmo incompatibilidade entre ambos, e completa o seu modo de ver apontando a relação entre os movimentos de tipo fascista e o capitalismo, a fim de sublinhar de que maneira aqueles ocorreram nos países onde este se manifestou com atraso sensível ("capitalismo tardio"), caracterizando-se em consequência pela mistura de traços modernos e sobrevivências arcaicas, como aconteceu na Alemanha, Itália e Japão, de maneiras diversas. Este esquema conceitual radica na obra de Marx e se exprime na teoria do "capitalismo prussiano" de Lênin; Chasin a aplica de maneira feliz ao Brasil, a exemplo de Carlos Nelson Coutinho, procurando, como ele, interpretar a realidade segundo as posições teóricas de Lukács, cujo livro sobre *A destruição da razão* lhe fornece decisivos elementos de análise.

No seu modo de entender, como há correlação determinante entre capitalismo e fascismo, este não poderia ocorrer no Brasil, onde aquele estava em fase atrasadíssima ("capitalismo hipertardio"); onde não havia, pois, condições para uma reação defensiva da burguesia do tipo que foi o fascismo nos países de "capitalismo tardio". Portanto, o integralismo não teria sido um fascismo, apesar de analogias e certa tendência mimética; mas uma formação ideológica peculiar que não chega a ser doutrina, ajustada às condições locais, filiada a uma genealogia local, manifestando-se por "um discurso genética e intrinsecamente débil, atravessado por uma fraqueza congênita que traduz, em última instância, a inviabilidade concreta da resposta que o motiva. Debilidade, a nível do discurso, a refletir o raquitismo do sujeito histórico expresso, agente este que não pode ir além de *soluções de meio termo* que, em tantos pontos, caracteriza a propositura pliniana".

Não se pode senão louvar o esforço de distinção clarificadora e de caracterização específica que situa a discussão sobre o integralismo na devida base econômica e social; e que procura rastrear no próprio Brasil precedentes de inspiração ruralista, irracionalista, sentimental, tão frequente em nosso nacionalismo cultural. Ela representa um progresso analítico importante, e o leitor verá a riqueza de facetas e dados em que a discussão se desdobra, até saturar a comprovação da premissa básica. Mas, para mim, indo longe demais.

Negando que seja possível aplicar ao Brasil, sem mais aquela, conceitos extraídos de outros contextos históricos e sociais, o nosso autor se engrena numa linha de pensamento que prefere salientar a diferença brasileira, não a continuidade cultural em relação às matrizes europeias. A sua argumentação apresenta o que há de melhor nesta linha, mas também alguma coisa do que ela tem de menos seguro, levando a certo perigo de particularização que pode comprometer o entendimento adequado dos fatos, porque impede o retorno dialético aos conceitos. Penso que *fascismo* funciona como um destes, em relação ao integralismo; dissociá-los é uma empresa nova e arrojada, que desperta no leitor admiração mas também receio de suscitar confusões.

Uma dúvida que me veio de passagem foi a seguinte: se levarmos a outros campos o tipo de raciocínio de Chasin, poderemos encontrar no caminho um argumento que vem do fim do século passado e aparece até em Sílvio Romero, a saber: que o socialismo era inviável no Brasil por ser arma de luta de um proletariado de sociedade industrial (como não era a nossa), reagindo a condições específicas desta. Sendo outro o contexto brasileiro, ele seria aqui uma importação artificial, uma "ideologia exótica". Pergunta-se: o anarquismo, o socialismo, — mais tarde o comunismo, — que atuam entre nós desde o século passado, foram formações locais, respondendo a contingências locais, não se identificando aos congêneres europeus apesar do nome, do desejo expresso de filiação e de analogias mil? Ou é possível, mesmo em contexto diverso, transpor na essência movimentos políticos que guardam os traços de origem, não obstante as adaptações sofridas? Mas isso é uma dúvida lateral que precisaria ser mais bem formulada e não cabe aqui.

Encarando a argumentação de Chasin com boa vontade e reconhecendo a sua coerência, pode-se dizer que ela teria validade dependendo do que se entenda por fascismo. O nosso autor, como vimos, não achou necessário estabelecer um conceito sintético; pressupôs que fosse conhecido ou seria identificado pelas características que vão surgindo ao longo da discussão. Aliás, seja dito que *fascismo* não é uma designação feliz, por ser nome de um movimento singular, o italiano, transposto para o fenômeno geral. (Um caso de sinédoque política, ou seja, de designação do todo pela parte.) Mas é ele, não outro, que conota o movimento situado entre as duas guerras mundiais, e que foi contrarrevolucionário, antidemocrático, paramilitar, tomando elementos ao socialismo embora fosse antes de mais nada dirigido contra ele.

Por isso, se chamarmos fascistas apenas às organizações derivadas do movimento italiano e mais tarde do alemão, ou que os tomaram declaradamente por modelos, Chasin terá eventualmente razão; é mais difícil tê-la se, como prefiro, tomarmos fascismo no sentido amplo indicado acima. A favor de Chasin, manda a verdade registrar o ponto de vista de um dos maiores especialistas na matéria, Ernst Nolte, que considera fascistas "os movimentos políticos que, na práxis ou na ideologia, reivindicam explicitamente o modelo italiano ou, mais tarde, o alemão, nacional-socialista".[1] Em relação a outros, Nolte prefere falar em "filofascismo", "semifascismo", "pseudofascismo", "protofascismo", modalidades que podem também constituir etapas de um movimento fascista (p. 222). Estaria o integralismo num desses últimos casos?

Seja como for, registro que apesar da abundância de suas considerações, Chasin não quis fazer uma discussão mais completa de outros aspectos que mostrariam, ao lado das diferenças, as inegáveis analogias. Por exemplo: o fato de fascismo e integralismo serem formas de falso anticapitalismo, mas na verdade funcionarem como defesa deste, seja ele pleno, "tardio" ou "hipertardio". O fato de ambos insistirem nos direitos dos operários e na iniquidade da burguesia mas, ao mesmo tempo, preconizarem todas as medidas

---

[1] *La crisi dei regimi liberali e i movimenti fascisti*. Trad. de Ester Gamaleri e Adriano Caiani. Bolonha: Il Mulino, 1970, p. 6.

necessárias para o domínio desta e oferecerem àqueles uma espécie de miragem de aburguesamento. Com efeito, assim como os nazistas e fascistas, os integralistas pregavam a substituição da luta de classes pela ascensão dos *melhores*, para renovar as camadas dirigentes gastas e continuar estrutural e funcionalmente o seu papel na sociedade.

No principal livro que escreveu como definição do movimento, Plínio Salgado deixa tudo isso evidente. Ataca a liberal-democracia e diz que o integralismo será a democracia verdadeira. Reconhece afinidades com o socialismo, mas vê nele o perigo máximo contra a sociedade, negando-lhe o caráter revolucionário que, alega, caberia ao integralismo (exatamente como diziam Mussolini e Hitler sobre os seus movimentos) (*O que é o integralismo*. Rio de Janeiro: Schmidt, 1933).

No Brasil não era agudo o "perigo vermelho" sob a forma de pressão imediata de um proletariado numeroso e aguerrido, que apavorou a burguesia europeia depois da Primeira Grande Guerra e criou condições para o êxito do fascismo; mas não se esqueça que este "perigo" era temido desde o começo do século, sendo objeto das reflexões de um pensador que influenciou Plínio Salgado, como Oliveira Viana.[2]

Lembre-se, ainda, que houve aqui, no decênio de 1930 e sobretudo até o golpe de estado de 1937, algo correspondente, sob a forma de histeria de classe. A Revolução de 1930 abriu uma fase de grande inquietude, com radicalização para a esquerda em diversos setores e, de modo geral, um desafogo, uma curiosidade mental, um rasgar de horizontes, que pareciam o fim do mundo para os conservadores. O integralismo, como o fascismo, apareceu ao modo de alternativa salvadora, tomando do socialismo alguns traços, com o intuito de desfigurá-los. Aliás,

---

[2] Ver, por exemplo, nos *Pequenos estudos de psicologia-social* (São Paulo: Monteiro Lobato, 1922), o estudo: "Nacionalismo e questão social", pp. 87-98.

é notável no citado escrito de Plínio Salgado a ignorância a respeito do marxismo, violentamente atacado, mas, a certa altura, anunciado como método para analisar os malefícios do capitalismo e do liberalismo no Brasil (p. 82). Nem falta, para acentuar a afinidade com o fascismo, a atitude de descarregar sobre o estrangeiro capitalista todos os males do país.

Não há dúvida que Plínio Salgado acentuava o cunho brasileiro, cristão e mesmo classe média do seu movimento (ao contrário da insistência demagógica de Mussolini e Hitler no caráter proletário dos seus partidos e das "revoluções" que preconizavam). E aí está um dos seus aspectos próprios, bem analisado por Chasin. Mas convém mencionar que este aborda sobretudo o pensamento do fundador, quando, se for tomado no conjunto, o integralismo certamente aparecerá mais fascista. Hélgio Trindade, que Chasin reforça sob este aspecto, mostrou como a linha do chefe o era menos do que outras, que formavam com ela o conjunto complexo da Ação Integralista Brasileira. Aliás, muitas das afirmações de Plínio Salgado a respeito de sua independência e mesmo oposição ao fascismo, que aparecem e são comentadas neste livro, pertencem a escritos posteriores à guerra, quando ele procurava dar um outro sentido ao seu movimento, com o intuito de sobreviver politicamente (o que em parte conseguiu).

O fato de haver correntes diferenciadas dentro de um partido ou movimento não oblitera necessariamente, aliás, a sua diretriz principal. Elas ocorrem sobretudo nas fases anteriores ao triunfo e à dominação; mas se por acaso os alcançam, vem logo o ajuste de contas unificador, que abala e ensanguenta internamente as revoluções e tomadas de poder. No nazismo havia diversas tendências, inclusive uma espécie de socialismo de caserna, populista e boçal, representado por Goebbels (que traiu) e Roehm, tendo como apoio a vasta organização paramilitar das tropas de assalto (SA); Hitler liquidou tudo isso em 1934, no massacre da "noite das facas longas".

O fascismo foi em parte uma ideologia de disfarce, mascarada inclusive com princípios tomados ao adversário mais visado, o socialismo, como vimos. Isso, combinado à falta de base teórica autêntica, levou-o a assumir características adequadas a cada país; daí diferenças, que podem ser levadas mais longe do que elas realmente significam, e que a meu ver não permitem separar ontologicamente a ocorrência peculiar brasileira. Dizendo que "o fascismo não tem e não pode ter uma doutrina definida e coerente, como o socialismo", Daniel Guérin cita um conceito de Pierre Gérôme que exprime bem o que estou querendo dizer:

> Há uma demagogia fascista que varia segundo os países e para cada país, conforme as classes sociais e as circunstâncias. Pouco importa ao fascismo acumular contradições no seu programa...[3]

Eu diria mesmo, já que estamos discutindo dúvidas, que o cunho fascista pode ser pesquisado em outros níveis, além da referência às ideias e ao fundamento econômico. Seria o caso dos aspectos exteriores, que Chasin não focaliza e que Plínio Salgado, depois da guerra, considerou acessórios e mesmo enganadores, levando a uma visão errada do seu movimento. Mas penso que eles são significativos e mostram até que ponto o integralismo participava de um sistema semiológico próprio dos movimentos fascistas. O critério não é bastante, mas é útil como contraprova.

De fato, a Ação Integralista Brasileira possuía todos os elementos de caracterização externa do fascismo, como a camisa-uniforme, nascida da *camicia nera* de Mussolini, que nele era verde (como nos congêneres romeno e húngaro), tendo sido parda no nazismo, preta nos fascistas tchecos e ingleses, azul nos irlandeses e nos portugueses de Rolão Preto; e até dourada num

---

[3] Daniel Guérin, *Fascisme et Grand Capital: Italie-Allemagne*. 2. ed. Paris: Gallimard, 1945, p. 104.

agrupamento mexicano aparentado. Ou, ainda, o signo de conotação meio mística: *fascio littorio*, suástica, cruz de flechas, tocha e, no Brasil, o sigma somatório. Ou, também, a saudação romana, comum a todas as modalidades e que entre nós passou por um processo revelador de assimilação, identificando-se à saudação indígena de paz com o brado "Anauê". Resultou uma saudação nacional, peculiar, reveladora do indianismo que sempre reponta em nossos diferentes nacionalismos como busca do timbre diferenciador; mas que nem por isso deixa de ser manifestação do sistema simbólico do fascismo, geral.

Um texto estimulante e mesmo fascinante, como este, nos leva a rever, a pensar de novo os problemas conexos. Talvez eu o esteja aproveitando para reabrir uma reflexão pessoal sobre velhas preocupações com o fascismo e o socialismo. Com isso, fui e voltei do texto aos problemas externos e destes ao texto, sem na verdade me concentrar em aspectos que deveriam ser ressaltados num prefácio. É o caso, por exemplo, do corpo central deste livro volumoso, ocupado pela análise exaustiva, penetrante da obra de Plínio Salgado. Seria também preciso falar do método, rigoroso, intransigente e produtivo, que permitiu focalizar o integralismo de maneira renovada.

Estejamos ou não de acordo com a premissa de Chasin (o integralismo não é um fascismo), o fato é que não será mais possível ver o fenômeno integralista com os mesmos olhos, porque ele realizou um dos feitos mais difíceis para um estudioso: alterar as noções dominantes e transformar em problema o que era considerado como fato estabelecido. Se pessoalmente não aceito a sua premissa, sinto que não poderei mais falar do assunto sem passar por ela e sem que ela me leve a matizar o meu ponto de vista.

Depois da leitura deste livro, alguns dirão: o autor está certo; outros dirão: o autor não está certo. Mas não se poderá mais estatuir simplesmente — "o integralismo é um fascismo". Isso é um modo de dizer que a conclusão do autor não lucra em ser avaliada como acerto ou erro, mas como renovação do problema, ou melhor, problematização do fato. Chasin renovou, reviu e tornou impossível o esquematismo anterior. Ele não gosta dos pontos de vista nuançados, que lhe parecem ecletismo pelo que lemos a certa altura do livro, com base em Lukács; mas o fato é que a riqueza da sua argumentação leva a essa atitude a meu ver de alta racionalidade, que é pensar simultaneamente os diversos lados de um problema. E isso aumenta a nossa clarividência e poder de visão.

Assim, a argumentação forte e inspirada de Chasin me parece facultar uma conclusão diferente da dele, mas devida em parte a ela. Por exemplo: que o integralismo não foi certamente uma cópia; correspondendo às condições histórico-sociais, foi um movimento reacionário conciliatório, norteado por valores e interesses da pequena burguesia parasitária do capitalismo; inscrito num panorama de capitalismo atrasado, o presente e sobretudo o futuro lhe causavam medo, e ele incorporou um máximo de tradição ruralista e patriótica, refugando a dinâmica do mundo industrial; para fazer isso, absorveu elementos essenciais do fascismo, que o inspirou em boa parte, desenvolvendo, todavia, traços próprios que permitem considerá-lo uma variante especificamente brasileira; se não foi um fascismo, foi certamente um semifascismo verde-amarelo, que não chegou talvez a definir toda a sua fisionomia nos cinco anos que durou oficialmente.

O leitor verá e depois concluirá, na viagem que vai começar em torno de um texto exuberante e fecundo, dos que mais apaixonam e perturbam em nossa bibliografia recente.

Raízes do Brasil

A certa altura da vida, vai ficando possível dar balanço no passado sem cair em autocomplacência, porque o nosso testemunho se torna registro da experiência de muitos, de todos que, pertencendo ao que se chama uma geração, julgam-se a princípio diferentes uns dos outros, mas vão aos poucos ficando tão iguais que acabam desaparecendo como indivíduos para se dissolverem nas características gerais da sua época. Então, registrar o passado não é falar de si; é falar dos que participaram de uma certa ordem de interesses e de visão do mundo, no momento particular do tempo que se deseja evocar.

Os homens que estão um pouco para cá ou um pouco para lá dos cinquenta anos aprenderam a refletir e a se interessar pelo Brasil sobretudo em termos de passado e em função de três livros: *Casa grande & senzala*, de Gilberto Freyre, publicado quando estávamos no ginásio; *Raízes do Brasil*, de Sérgio Buarque de Holanda, publicado quando estávamos no curso complementar; *Formação do Brasil contemporâneo*, de Caio Prado Júnior, publicado quando estávamos na escola superior. São estes os livros que podemos considerar chaves, os que parecem exprimir a mentalidade ligada ao sopro de radicalismo intelectual e análise social que eclodiu depois da Revolução de 1930 e não foi, apesar de tudo, abafado pelo Estado Novo. Ao lado deles, a obra por tantos aspectos penetrante de Oliveira Viana já parecia superada, cheia de preconceitos ideológicos e uma vontade excessiva de adaptar o real a desígnios convencionais e mesmo conservadores.

Era justamente um intuito anticonvencional que nos parecia animar a composição libérrima de *Casa grande & senzala*, com a sua franqueza no tratamento da vida sexual do patriarcalismo e a importância decisiva atribuída ao escravo na formação do nosso modo de ser mais íntimo. O jovem leitor de hoje talvez não possa compreender (sobretudo em face dos rumos tomados posteriormente pelo seu autor) a força revolucionária, o impacto libertador que teve esse grande livro. Inclusive pelo volume de informação, resultante da técnica expositiva, a cujo bombardeio as noções iam brotando como numa improvisação de talento, que coordenava os dados conforme pontos de vista totalmente novos no Brasil daquele tempo. Sob este aspecto, *Casa grande & senzala* é uma ponte entre o naturalismo dos velhos intérpretes da nossa sociedade, como Sílvio Romero, Euclides da Cunha e mesmo Oliveira Viana, e os pontos de vista mais especificamente sociológicos que se imporiam depois de 1940. Digo isso em virtude da preocupação do autor com os problemas de fundo biológico (raça, aspectos sexuais da vida familiar, equilíbrio ecológico, alimentação), que serviam de esteio a um tratamento inspirado pela antropologia cultural dos norte-americanos, divulgada por ele em nosso país.

Três anos depois aparecia *Raízes do Brasil*, concebido e escrito de modo completamente diverso. Era um livro curto, discreto, de poucas citações, que atuaria menos sobre a imaginação dos moços. Mas o seu êxito de qualidade foi imediato e ele se tornou um clássico de nascença. Daqui a pouco veremos por quê. Agora, registremos apenas que a sua inspiração vinha de outras fontes e que as suas perspectivas eram diferentes. Muito importante é lembrar que ele forneceu aos moços indicações para compreenderem o significado de certas posições políticas daquele momento, dominado pela descrença no liberalismo tradicional e a busca de soluções novas: seja no integralismo, à direita; seja, à esquerda, no socialismo e no comunismo. A atitude do autor era aparentemente desprendida e quase remota; mas na verdade, condicionada por essas tensões, para cujo entendimento oferecia uma análise do passado. O seu respaldo teórico se prendia à nova história social dos franceses, à sociologia da cultura dos alemães (inclusive o interesse pela caracteriologia) e a certos elementos da teoria sociológica e etnológica também inéditos por aqui. No tom geral, era marcado por uma elegância parcimoniosa, um rigor de composição disfarçado pelo ritmo despreocupado e às vezes sutilmente digressivo, que lembra Simmel e valia como corretivo à abundância nacional.

Formação do Brasil contemporâneo, muito diferente dos anteriores, foi publicado nove anos depois do primeiro e seis depois do segundo, em pleno Estado Novo repressivo e renovador. Nele se exprimia um autor que não escondia o esforço da composição nem se preocupava com a beleza do estilo. Trazendo para a linha de frente os informantes coloniais de mentalidade mais sólida e prática, ele deu o primeiro grande exemplo de interpretação do passado em função das realidades básicas da economia. Nenhum romantismo, nenhuma vontade de aceitar categorias banhadas de uma certa aura qualitativa, como "feudalismo" ou "família patriarcal"; mas o desvendamento bem documentado dos substratos materiais, como guia para uma visão renovadora da estrutura da sociedade. Em consequência, uma exposição de tipo factual, inteiramente afastada do ensaísmo (marcante nos dois anteriores) e visando a convencer pela qualidade e quantidade dos dados e argumentos. Como linha interpretativa o materialismo histórico, que estava sendo em nosso meio uma alavanca extraordinária de renovação intelectual e política. Nesse livro, ele aparece pela primeira vez como instrumento de captação e ordenação do real, e não como recurso partidário com finalidade prática imediata. Aliás, já devíamos a Caio Prado Júnior um pequeno livro de 1934, que atuara como choque revelador, por ter sido a primeira tentativa de síntese da nossa história baseada no marxismo: *Evolução política do Brasil*.

Lembrando esses impactos intelectuais sobre os moços, entre 1933 e 1942, talvez eu esteja focalizando de modo meio restritivo os que adotavam posições de esquerda: comunistas e socialistas militantes, ou simpatizando pelas ideias. Para nós, esses três autores foram trazendo elementos para uma visão do Brasil que parecia se ajustar ao nosso ponto de vista. Traziam a denúncia do preconceito de raça, a valorização do elemento de cor, a crítica dos fundamentos "patriarcais" e agrários, o discernimento dos fatores econômicos, a desmistificação da retórica liberal.

Mas talvez significassem outra coisa para os jovens de direita, que, se bem me lembro, tendiam em geral a rejeitá-los, olhá-los com desconfiança ou, na medida do possível, acomodar pelo menos Gilberto Freyre aos seus desígnios. Esses nossos antagonistas preferiam certos autores mais antigos, com orientação metodológica de tipo naturalista ou (no sentido amplo) positivista, como Oliveira Viana e Alberto Torres, dos quais tiravam argumentos para uma visão hierárquica e autoritária da sociedade, justamente a que Sérgio Buarque de Holanda criticava em *Raízes do Brasil*.

Aliás, caberia aqui uma reflexão desapaixonada sobre esses adversários da mesma geração, em geral integralistas. Apesar da estima pessoal que tínhamos por muitos deles, nós os reputávamos representantes de uma filosofia política e social perniciosa, porque era a manifestação local do fascismo. Mas a distância do tempo mostra que para vários jovens o integralismo foi mais do que um fanatismo e uma forma de resistência reacionária. Foi um tipo de interesse fecundo pelas coisas brasileiras, uma tentativa de substituir a platibanda liberaloide por alguma coisa mais viva. Isso explica o número de integralistas que foram passando para uma visão democrática e mesmo de esquerda, desde a cisão de Jeová Mota em 1937 até às abjurações dos anos de 1940, durante a guerra e depois dela. Todos sabem que nas tentativas de reforma social frustradas pelo golpe de 1964 participaram antigos integralistas identificados às melhores posições do momento. Ex-integralistas que chegaram aos vários matizes da esquerda, desde a "positiva", assim batizada por um dos mais brilhantes entre eles, até às atitudes abertamente revolucionárias. Enquanto, de outro lado, alguns que antes formavam à esquerda acabaram virando espoletas ativíssimos da reação. Isso ilustra o jogo-de-quatro-cantinhos que é o destino das gerações e serve para sugerir qual era a atmosfera mental em que apareceu e atuou *Raízes do Brasil*.

* * *

No pensamento latino-americano, a reflexão sobre a realidade social foi marcada desde Sarmiento pelo senso dos contrastes e mesmo dos contrários, apresentados como condições antagônicas, em função das quais se ordena a história dos homens e das instituições. "Civilização e barbárie" formam o arcabouço do *Facundo* e, decênios mais tarde, também d'*Os sertões*. Os pensadores descrevem as duas ordens para depois mostrarem o seu conflito. E nós vemos os indivíduos e os grupos se dispondo conforme o papel que desempenham nele.

Na literatura romântica a oposição era interpretada em favor do termo mais fraco: o homem da natureza e do instinto parecia mais autêntico e representativo, sobretudo sob a forma extrema do índio, mesmo quando esmagado. Mas na literatura regional marcada pelo realismo o escritor acompanha o esquema dos pensadores, como Rómulo Gallegos no medíocre e expressivo *Doña Bárbara*, cujo desfecho é o triunfo ritual da civilização.

Raízes do Brasil é construído sobre uma admirável metodologia dos contrários, que alarga e aprofunda a velha dicotomia da reflexão latino-americana. Em vários níveis e tipos do real, nós vamos vendo o pensamento do autor se constituir pela exploração de conceitos polares. O esclarecimento não decorre da opção prática ou teórica por um deles, como em Sarmiento ou Euclides da Cunha; mas pelo jogo dialético entre ambos. A visão de um determinado aspecto da realidade histórica é *obtida*, no sentido forte do termo, pelo enfoque simultâneo dos dois. Um suscita o outro, ambos se interpenetram e o resultado possui uma grande força de esclarecimento.

Neste processo Sérgio Buarque de Holanda aproveitou o critério tipológico de Max Weber, mas modificando-o, na medida em que focaliza pares e não pluralidades de tipos, o que lhe permite deixar de lado o modo descritivo para os tratar de maneira dinâmica, ressaltando principalmente a sua interação no processo histórico. O que haveria de esquemático na proposição de pares mutuamente exclusivos se tempera desta forma por uma visão mais compreensiva, tomada em parte a posições de tipo hegeliano:

> [...] a história jamais nos deu o exemplo de um movimento social que não contivesse os germes de sua negação — negação essa que se faz, necessariamente, dentro de um mesmo âmbito. (p. 134)

Com este instrumento Sérgio analisa os fundamentos do nosso destino histórico, as "raízes" a que alude a metáfora do título, mostrando a sua manifestação nos aspectos mais diversos, aos quais somos levados pela maneira ambulante da composição, que não rejeita as deixas para digressão ou parêntese, apesar da concatenação geral ser tão rigorosa. Trabalho e aventura; método e capricho; rural e urbano; burocracia e caudilhismo; norma impessoal e impulso afetivo — são pares que o autor destaca no modo de ser ou na estrutura social e política, para analisar e compreender o Brasil e os brasileiros.

O capítulo I, "Fronteiras da Europa", que já evidencia o gosto pelo enfoque dinâmico e o senso da complexidade, fala da Ibéria, para englobar a Espanha e Portugal numa unidade, que depois será desmanchada em parte. Quando, por exemplo, analisa a colonização da América, o autor mostra as diferenças que resultam dos dois países, e assim completa uma visão do múltiplo no seio do uno.

Nesse prelúdio estão as origens mais remotas dos traços que estudará em seguida, como o tradicional personalismo, origem da frouxidão das instituições e da falta de coesão social. E aí faz uma reflexão de interesse atual, lembrando que se esses traços, considerados defeitos em nosso tempo, sempre existiram, fica sem sentido a nostalgia de um passado hipoteticamente mais bem-ordenado; e observa que "as épocas realmente vivas nunca foram tradicionalistas por deliberação" (p. 5). Era uma tacada em certas tendências saudosistas daquele momento, não apenas do integralismo, mas do catolicismo como então se apresentava e mesmo de certos aspectos da obra de Gilberto Freyre, que dali a pouco desaguaria no "luso-tropicalismo".

Ao personalismo se ligaria ainda, na Península Ibérica, a ausência do princípio de hierarquia e, em lugar do privilégio, a exaltação do prestígio pessoal. Por isso, a nobreza ficou sempre aberta ao mérito ou ao êxito, e não se enquistou, como noutros países. Mas, na medida em que se tornou acessível com certa facilidade, favoreceu a mania geral de fidalguia. ("Em Portugal somos todos fidalgos", diz Fradique Mendes numa das cartas.) E com esta referência a um velho sestro, o autor alude pela primeira vez a um dos temas fundamentais do livro: a aversão pelo trabalho regular e as atividades utilitárias, da qual decorre por sua vez a falta de organização, porque o ibérico não gosta de renunciar às suas veleidades em benefício dos interesses do grupo ou dos princípios.

Fiel ao seu método dialético, Sérgio mostra a seguir uma consequência paradoxal disto, ou seja, algo que se opõe ao traço antes indicado: a renúncia à personalidade por meio de uma obediência cega, única alternativa para os que não concebem a disciplina baseada nos vínculos aceitos, porque previamente admitidos; disciplina que em geral nasce do hábito de executar tarefas com senso de dever:

> A vontade de mandar e a disposição para cumprir ordens são-lhes igualmente peculiares [aos ibéricos]. As ditaduras e o Santo Ofício parecem constituir formas tão típicas do seu caráter como a inclinação à anarquia e à desordem (p. 11).

No capítulo seguinte, "Trabalho e aventura", surge a tipologia básica do livro, que distingue o trabalhador e o aventureiro, representando duas éticas opostas: uma busca experiências novas, se acomoda no provisório e em vez de consolidar prefere descobrir; a outra busca a segurança e o esforço, aceitando as compensações a longo prazo:

> Entre esses dois tipos não há, em verdade, tanto uma oposição absoluta como uma incompreensão radical. Ambos participam, em maior ou menor grau, de múltiplas combinações e é claro que, em estado puro, nem o aventureiro, nem o trabalhador, possuem existência real fora do mundo das ideias. (pp. 13-14)

Para a interpretação da nossa história, interessa notar que o continente americano foi colonizado por homens do primeiro tipo, cabendo "ao *trabalhador*, no sentido aqui compreendido, papel muito limitado, quase nulo" (p. 14). Aventureiros sem apreço pelas virtudes da persistência e do esforço apagado foram os espanhóis, os portugueses e os próprios ingleses, que só no século XIX ganhariam o perfil convencional por que os conhecemos. Quanto ao Brasil, diz o autor que essas características foram positivas, dadas as circunstâncias, negando que os holandeses pudessem ter feito aqui o que alguns sonhadores imaginam. O português manifestou uma adaptabilidade excepcional, mesmo funcionando "com desleixo e certo abandono" (p. 12); em face da diversidade reinante, o espírito de aventura foi "o elemento orquestrador por excelência" (p. 16). A lavoura de cana seria, nesse sentido, uma forma de ocupação aventureira do espaço, que não correspondia a "uma civilização tipicamente agrícola" (p. 18), mas a uma adaptação ao meio de tipo antes primitivo, revelando baixa capacidade técnica e docilidade às condições naturais. A escravidão, requisito necessário deste estado de coisas, agravou a ação dos fatores que se opunham ao espírito de trabalho, porque matou no homem livre a necessidade de cooperar e organizar-se, submetendo-o, ao mesmo tempo, à influência de um povo primitivo.

"Herança rural", o terceiro capítulo, partindo da deixa relativa à agricultura, analisa a marca da vida rural na formação da sociedade brasileira. Repousando na escravidão, ela entra em crise quando esta declina; baseando-se em valores e práticas ligadas aos estabelecimentos agrícolas, suscita conflitos com a mentalidade urbana. A essa altura, define-se no livro uma segunda dicotomia básica, a relação rural-urbano, que marca em vários níveis a fisionomia do Brasil.

No passado tudo dependia da civilização rústica. Os próprios intelectuais e políticos eram um prolongamento dos pais fazendeiros e acabavam por "dar-se ao luxo" de se oporem à tradição. Da sua atividade provém muito do progresso social que acabaria por liquidar a sua classe, destruindo a sua base, isto é, o trabalho escravo. É o caso da febre de realizações materiais do decênio de 1850, quando, por causa da lei Eusébio, que proibia o tráfico de escravos, os capitais ociosos foram canalizados para os melhoramentos técnicos próprios da civilização das cidades, constituindo uma primeira etapa para o "triunfo decisivo dos mercadores e especuladores urbanos". O malogro desse primeiro impulso, como depois do de Mauá, foi devido à

> radical incompatibilidade entre as formas de vida copiadas de nações socialmente mais avançadas, de um lado, e o patriarcalismo e personalismo fixados entre nós por uma tradição de origens seculares. (p. 47)

A grande importância dos grupos rurais dominantes, encastelados na relativa autarquia econômica e familiar, manifesta-se no plano mental pela supervalorização do "talento", das atividades intelectuais que não se ligam ao trabalho material e parecem brotar de uma qualidade inata, como seria a fidalguia. A esse respeito Sérgio desmascara a posição extremamente reacionária de José da Silva Lisboa, que por um singular engano tem sido considerado como pensador progressista.

A paisagem natural e social fica marcada pelo predomínio da fazenda sobre a cidade, mero apêndice. A fazenda se ligava a uma ideia de nobreza e era o lugar das atividades permanentes, ao lado de cidades vazias, configurando um ruralismo extremo, devido ao intuito do colonizador e não à imposição do meio.

A alusão à cidade estabelece a conexão com o capítulo IV, "O semeador e o ladrilhador", que começa pelo estudo da sua importância como instrumento de dominação, e da circunstância de ter sido fundada com este propósito. E aqui chegamos a um dos momentos em que se nota a diferença entre o espanhol e o português, depois da caracterização comum do princípio.

"Ladrilhador", o espanhol acentua o caráter da cidade como empresa da razão, contrária à ordem natural, prevendo rigorosamente o traçado das que fundou na América, como um triunfo da linha reta, e que procuravam na maioria as regiões internas. A isso correspondia o intuito de estabelecer um prolongamento estável da metrópole, enquanto os portugueses, norteados por uma política de feitoria, agarrados ao litoral, de que só se desprenderiam no século XVIII, foram "semeadores" de cidades irregulares, nascidas e crescidas ao deus-dará, refugando a norma abstrata. Esse tipo de aglomerado urbano "não chega a contradizer o quadro da natureza, e sua silhueta se enlaça na linha da paisagem" (p. 76).

Segundo o autor isto é devido a um realismo terra a terra, que foge das imaginações e das regras, salvo quando elas viram rotina e podem ser aceitas sem esforço. Daí a expansão portuguesa ser prudente, desprovida de arroubos; daí (pensa o leitor) ela instalar um novo elemento de contradição no espírito de aventura e dar um aspecto peculiar de "desleixo" ao capricho do semeador. O interesse do português pelas suas conquistas foi sobretudo apego a um meio de fazer fortuna rápida, dispensando o trabalho regular, que nunca foi virtude própria dele. A facilidade de ascensão social deu ao burguês lusitano aspirações e atitudes da nobreza, à qual ele deseja se equiparar, desmanchando com isso as oportunidades de desenvolver uma mentalidade específica, a exemplo do que aconteceu em outros países.

O capítulo sobre "O homem cordial" aborda características que são próprias ao brasileiro, como consequência dos traços apontados antes. Formado no quadro da estrutura familiar, o brasileiro recebeu o peso das "relações de simpatia", que dificultam ao indivíduo a incorporação normal a outros agrupamentos menos fechados. Por isso não acha agradáveis as relações impessoais, características do Estado, e procura reduzi-las ao padrão pessoal e afetivo. Onde a família pesa, sobretudo em seu molde tradicional, dificilmente se formam as relações urbanas de tipo moderno. Em nosso país o desenvolvimento da urbanização criou um "desequilíbrio social, cujos efeitos permanecem vivos até hoje" (p. 105).

E nessa altura Sérgio emprega, creio que pela primeira vez no Brasil, os conceitos de "patrimonialismo" e "burocracia", devidos a Max Weber, a fim de elucidar o problema e dar um fundamento sociológico à caracterização do "homem cordial", expressão que toma a Ribeiro Couto.

Ela não implica a ideia de bondade, mas quer apenas indicar o predomínio dos comportamentos de aparência afetiva, revestidos com frequência de uma cordialidade aparente, uma naturalidade que se opõe ao ritual da polidez e parece aproximar facilmente as pessoas.

O "homem cordial" não se acomoda com as relações impessoais, como as que devem reger a relação entre funcionários e público, por exemplo, porque decorrem da posição e da função exercida, não da boa vontade ou do favor. Ele prefere se reger conforme estas, que têm como modelo a intimidade formada nos grupos primários. (O leitor pensa naquele famoso programa de governo, atribuído a mais de um estadista da República Velha: "Para os amigos, tudo; para os outros, justiça".)

O capítulo VI, "Novos tempos", estuda certas consequências dos anteriores na configuração da sociedade brasileira a partir da vinda da Família Real, que causou o primeiro abalo nos velhos padrões coloniais.

Ao que se poderia chamar de "mentalidade cordial" estão ligados vários traços importantes, como a sociabilidade apenas aparente, que não se impõe de fato ao indivíduo e não exerce efeito positivo na estruturação de uma ordem coletiva. Disso decorre o individualismo, que aqui aparece focalizado de outro ângulo, como relutância em face da lei que o contrarie. E ligada ao individualismo, a falta de capacidade para se dedicar a um objetivo exterior.

Retomando o problema dos intelectuais, o autor assinala agora a satisfação do brasileiro com o saber aparente, cujo fim está em si mesmo e que por isso deixa de se aplicar a um alvo concreto, sendo procurado sobretudo como fator de prestígio para quem é reputado detê-lo. Já que a natureza dos objetivos é secundária, os indivíduos mudam de atividade com uma frequência que revela essa busca de satisfação meramente pessoal. Daí o valor dado às profissões liberais, que, além de permitirem as manifestações de independência individual, se prestam ao saber de fachada. Devido à crise das velhas instituições agrárias, os membros das classes dominantes transitam facilmente para essas profissões, desligadas da necessidade de trabalho direto sobre as coisas, que lembra a condição servil.

Relacionando a essas circunstâncias o nosso tradicional culto pelas formas impressionantes, o exibicionismo, a improvisação e a falta de aplicação seguida, o autor interpreta a voga do positivismo no Brasil como decorrência desta última característica, porque o espírito repousava satisfeito nos seus dogmas indiscutíveis, levando ao máximo a confiança nas ideias, mesmo quando elas fossem inaplicáveis.

Na vida política, correspondem a isso o liberalismo ornamental (que em realidade vem do desejo de negar uma autoridade incômoda) e a ausência de verdadeiro espírito democrático:

> A democracia no Brasil foi sempre um lamentável mal-entendido. Uma aristocracia rural e semifeudal importou-a e tratou de acomodá-la, onde fosse possível, aos seus direitos ou privilégios, os mesmos privilégios que tinham sido, no Velho Mundo, o alvo da luta da burguesia contra os aristocratas. (p. 119)

Os nossos movimentos "aparentemente reformadores" teriam sido, de fato, impostos de cima para baixo pelos grupos dominantes.

O capítulo VII, "Nossa revolução", é bastante compacto e precisa ser lido com senso dos subentendidos, porque a composição reduz ao mínimo os elementos expositivos. O seu movimento consiste em sugerir (mais do que mostrar) como a dissolução da ordem tradicional ocasiona contradições não resolvidas, que nascem no nível da estrutura social e se manifestam no das instituições e ideias políticas.

Um dos seus pressupostos, talvez o fundamental, é a passagem do rural ao urbano, isto é, ao predomínio da cultura das cidades, que tem como consequência a passagem da tradição ibérica ao novo tipo de vida, pois aquela dependia essencialmente das instituições agrárias. Este processo consiste no

> aniquilamento das raízes ibéricas de nossa cultura para a inauguração de um estilo novo, que crismamos talvez ilusoriamente de americano, porque seus traços se acentuam com maior rapidez em nosso hemisfério. (p. 127)

Esta transformação tem como episódio importante a passagem da cana-de-açúcar ao café, cuja exploração é mais ligada aos modos de vida modernos.

Os modelos políticos do passado continuam como sobrevivência, porque antes se adequavam à estrutura rural e agora não encontram apoio na base econômica. Daí o aspecto relativamente harmonioso do Império, ao contrário da República, que não possui um substrato íntegro, como era o de tipo colonial. Cria-se então um impasse, que se tenta resolver pela mera substituição dos governantes ou pela confecção de leis formalmente perfeitas. Oscilando entre um extremo e outro, tendemos de maneira contraditória para uma organização administrativa ideal, que deveria funcionar automaticamente pela virtude impessoal da lei, e para o mais extremado personalismo, que a desfaz a cada instante.

Chegando a este ponto, Sérgio Buarque de Holanda completa o seu pensamento a respeito das condições de vida democrática no Brasil, dando ao livro uma atualidade que o distinguia em 1936 de outros estudos sobre a sociedade tradicional, e o aproximava de autores que respondiam em parte ao nosso desejo de ver claro no presente, como Virgínio Santa Rosa.

Para ele, a "nossa revolução" é a fase mais dinâmica (iniciada no terceiro quartel do século XIX) do processo de dissolução da velha sociedade agrária, cuja base foi suprimida de uma vez por todas pela Abolição. Trata-se de liquidar o passado, adotar o ritmo urbano e favorecer a emergência das camadas oprimidas da população, as únicas que têm capacidade para revitalizar a sociedade e dar novo sentido à vida política. O seu texto de apoio, no caso, são as considerações lúcidas de um viajante estrangeiro, Herbert Smith, que ainda no tempo da Monarquia falava da necessidade de uma "revolução vertical", diferente das meras reviravoltas de cúpula, que "trouxesse à tona elementos mais vigorosos, destruindo para sempre os velhos e incapazes", pois, embora fossem estimáveis as pessoas dos grupos dominantes, os membros dos grupos dominados "fisicamente não há dúvida que são melhores do que a classe mais elevada, e mentalmente também o seriam se lhes fossem favoráveis as oportunidades". E Sérgio pensa que os acontecimentos do nosso tempo na América Latina se orientam para essa ruptura do predomínio das oligarquias e o advento de novas camadas, condição única para vermos

> finalmente revogada a velha ordem colonial e patriarcal, com todas as consequências morais, sociais e políticas que ela acarretou e continua a acarretar. (p. 135)

E ajunta:

> Contra a sua cabal realização é provável que se erga, e cada vez mais obstinada, a resistência dos adeptos de um passado que a distância já vai tingindo de cores idílicas. Essa resistência poderá, segundo o seu grau de intensidade, manifestar-se em certas expansões de fundo sentimental e místico limitadas ao campo literário, ou pouco mais. Não é impossível, porém, que se traduza diretamente em formas de expressão social capazes de restringir ou comprometer as esperanças de qualquer transformação profunda (p. 136).

Essas tendências de tipo reacionário, para o autor, bem poderiam se encarnar na tendência sul-americana para o caudilhismo, que intervém no processo democrático como forma suprema de personalismo e arbítrio. No entanto, ele acha que entre nós há condições que permitem a convergência no rumo da democracia, — como a repulsa pela hierarquia, a relativa ausência de preconceitos de raça e cor, o próprio advento das formas contemporâneas de vida.

Para nós, trinta anos atrás, *Raízes do Brasil* trouxe elementos como estes, fundamentando uma reflexão que nos foi da maior importância. Sobretudo porque o seu método repousa sobre um jogo de oposições e contrastes, que impede o dogmatismo e abre campo para a meditação livre de tipo dialético.

Num momento em que os intérpretes do nosso passado ainda se preocupavam sobretudo com os aspectos de natureza biológica, manifestando, mesmo sob aparência do contrário, o fascínio pela "raça", herdado dos evolucionistas, Sérgio puxou a sua análise para o lado da psicologia e da história social, com um senso agudo das estruturas. Num tempo ainda banhado de saudosismo patriarcalista, sugeria que, do ponto de vista metodológico, o conhecimento do passado deve estar ligado às preocupações do presente e seus problemas. E do ponto de vista político, que, já que o nosso passado era um obstáculo, a liquidação das "raízes" era um imperativo do desenvolvimento histórico. Mais ainda: em plena voga de uma valorização sentimental das componentes portuguesas, percebeu o sentido moderno da evolução brasileira, mostrando que ela se processaria conforme uma perda crescente das características ibéricas a favor dos rumos abertos pela civilização urbana e cosmopolita, expressa pelo Brasil do imigrante, que há três quartos de século vem modificando as linhas tradicionais. Finalmente, nos deu instrumentos para discutir os problemas da organização sem cair no louvor do autoritarismo, e atualizou a interpretação dos caudilhismos, que naquele momento estavam se misturando com sugestões do fascismo, tanto entre os integralistas (contra os quais é visivelmente dirigida uma parte do livro) quanto em outras tendências, que dali a pouco se concretizariam no Estado Novo e tinham um arauto em Oliveira Viana, por exemplo. Com segurança, ele afirmou que estávamos entrando naquele instante na fase aguda da crise de decomposição da sociedade tradicional, o que estava absolutamente certo. De fato, o ano era 1936, e em 1937 veio com o golpe de estado o advento da fórmula ao mesmo tempo rígida e conciliatória que encaminhou a transformação das estruturas econômicas pela industrialização. O Brasil de agora expandia os seus galhos, transformando a seiva que aquelas raízes tinham recolhido. E Sérgio tinha cumprido a tarefa mais alta do historiador, que é saber falar na sua análise

Of what is past, or passing, or to come. (Yeats)

Clima

É curioso pensar que estamos num recinto universitário, onde estudantes e licenciados jovens, de papel e lápis na mão, se dispõem a tomar notas sobre uma revista que um grupo de estudantes e jovens licenciados, como eles, fizeram nesta mesma Faculdade há trinta e poucos anos. Essa importância dada a uma publicação e a um grupo que nunca se consideraram importantes é um pouco divertida para nós.

A princípio, achei que se tratava de uma espécie de encontro de redatores de *Clima*, todos, atualmente, professores da Universidade de São Paulo, e só esta semana fiquei sabendo que devia dar um depoimento pessoal. Teria sido talvez mais útil reunir uma espécie de mesa-redonda de participantes da nossa velha revista, mas creio que do grupo só estão presentes Lourdes Machado, Cícero Cristiano de Sousa e eu.

Clima começou a circular em maio de 1941 com data de abril, porque houve atraso no lançamento. A ideia da sua criação foi de Alfredo Mesquita, que, mais velho do que nós, já não era estudante, mas frequentava os cursos e as atividades culturais da Faculdade, ligando-se a nós. Ele próprio disse mais de uma vez que, vendo tantos moços que pareciam capazes de dizer e fazer alguma coisa no campo da cultura, imaginou fundar com eles uma revista que lhes servisse de oportunidade para se definirem e de veículo para se manifestarem. Alfredo já era escritor conhecido, com três livros e uma peça publicados. E já tinha começado a sua importante atividade de renovação teatral, com base no amadorismo disciplinado.

Sem ele, acho que nunca teríamos feito a revista, embora os estudantes acabem sempre pensando nisso. Lembro que no fim de 1940, conversando com Lourival Gomes Machado, tínhamos concordado que talvez valesse a pena pensar numa publicação pequena, provavelmente mimeografada e de circulação restrita, para dar curso a pontos de vista do nosso grupo de Faculdade, na qual ele era assistente e eu aluno do 2º ano de ciências sociais. Mas, repito, é muito provável que sem Alfredo Mesquita nunca teria saído uma publicação sistemática e relativamente ambiciosa, destinada a correr a sorte junto ao público.

A esse propósito, devo dizer honestamente que não sou o mais indicado para falar das origens de *Clima*. Eu estava de férias na casa dos meus pais, em Minas, quando recebi cartas de Alfredo e Lourival, não apenas participando que se ia publicar uma revista, ainda sem nome, mas, ainda, que eu seria encarregado da seção de livros; e indicando quais seriam os outros encarregados: teatro, Décio de Almeida Prado; cinema, Paulo Emílio Sales Gomes; artes plásticas, Lourival Gomes Machado; música, Antônio Branco Lefèvre; ciências, Marcello Damy de Sousa Santos. Em seguida, juntou-se economia e direito, com Roberto Pinto de Sousa. Como companheiros nas tarefas e colaboradores de dentro, Gilda de Moraes Rocha, Cícero Cristiano de Sousa e Rui Coelho. Não sei se então ou mais tarde, informaram que Mário de Andrade seria convidado para fazer a apresentação, e que haveria em cada número um colaborador de nome feito, para dar prestígio e peso. Como se vê, fui apenas informado, inclusive da atribuição que teria grande importância no meu futuro, pois de certo modo Alfredo e Lourival me definiram como crítico literário.

Isso deve ter sido em janeiro de 1941. Logo depois tive uma primeira possibilidade de discutir diretamente o assunto com

Antônio Branco Lefèvre, estudante de medicina que frequentava as aulas da Faculdade de Filosofia e pertencia ao nosso grupo. Ele apareceu na cidade onde eu morava, deu pormenores e observou com razão que esse negócio de jovem fazer revista tinha os seus perigos, porque juventude não deve servir de pretexto para cobrir inexperiência e incapacidade; e que portanto era preciso levar a coisa a sério.

Quando voltei das férias, em março, tudo já estava em andamento, mesmo os anúncios que deveriam assegurar a base material e foram quase todos arranjados por Alfredo, com promessas de serem mantidos por seis ou doze números. Suamos para encontrar um nome, afinal descoberto por Lourival, autor do projeto da capa e diretor por sugestão de Alfredo, com apoio de todos nós. Foi ele que estabeleceu a feição material da revista, cuja redação teve por sede oficial a sua casa até o número 12 (rua Franco da Rocha, 402, Perdizes). O primeiro número foi o mais volumoso e custou quatro contos de réis, sendo a tiragem de mil exemplares. Como os onze seguintes, foi impresso na Revista dos Tribunais. Os quatro últimos foram na Edigraf.

Assim, pode-se dizer que a fundação, o lançamento e a estrutura inicial de *Clima* foram devidos sobretudo a Alfredo e a Lourival, cabendo a iniciativa ao primeiro. Houve o problema do registro, que por lei devia ser feito no famoso e temido DIP, Departamento de Imprensa e Propaganda, órgão controlador da vida cultural. Em matéria de censura, acho que a ditadura daquele tempo era mais estrita que a de agora. Quem conseguiu a licença, nada fácil de obter, foi o poeta Augusto Frederico Schmidt, graças à mediação de um jovem médico do Rio de Janeiro, chamado Virgílio Miguel-Pereira. A demora dessa formalidade fez com que o primeiro número, já pronto e datado de abril, saísse na verdade em maio.

A revista era feita um pouco ao léu, no meio da nossa falta de experiência; mas com tanta boa vontade, que foi possível tirá-la mensalmente durante oito números. Ela se ligava à nossa alegre vida de grupo e ia se fazendo como atividade a mais. Nós nos reuníamos quase todas as tardes na Confeitaria Vienense, a antiga, que ficava em frente da atual, mas no andar térreo. Conversávamos, ríamos muito, inventávamos coisas, discutíamos as aulas e os professores, frequentávamos concertos, procurávamos filmes esquecidos em cinemas de bairro, íamos passear em Santo Amaro, o que naquele tempo significava uma excursão fora da cidade. Éramos um grupo alegre, sociável, irreverente, diverso da relativa circunspecção da revista, que no começo teve um ar sério e massudo, provocando em Oswald de Andrade o apelido de "chato-boys" com que procurou nos caracterizar e nos gozar.

Lançada *Clima*, Alfredo se afastou discretamente logo no começo dos trabalhos de organização e fatura material e Lourival passou a cuidar mais da sua seção. A partir creio que do número 3, a confecção da revista ficou a cargo de um casal de bons samaritanos, Ruth e Décio de Almeida Prado, que faziam o grosso das tarefas de secretaria e redação, ajudados por alguns de nós. Graças a eles a revista pôde funcionar, tendo como sede de trabalho a casa deles, na rua Itambé, esquina de Mato Grosso.

A tarefa não era fácil. Imaginem montar todos os meses, sem qualquer apoio profissional, um número de mais de cem páginas, desde reunir matéria até providenciar a distribuição, passando pela cobrança de anúncios e a obtenção de anúncios novos, a revisão de provas, as relações com a tipografia e sobretudo a caça de colaboradores. Resistimos no ritmo mensal até o número 8; aí, paramos dois meses, e de abril a agosto de 1942 tiramos o 9, o 10 e o 11, em ritmo bimestral. Nessa altura, acabou praticamente o que se pode chamar a primeira fase, que vou caracterizar daqui a pouco. Fizemos nova parada, esta de oito meses, e o número 12 só saiu em abril de 1943, com estrutura bastante modificada por insistência minha. Mas paramos de novo, embora com intenção de recomeçar e muitos projetos a respeito. Paulo Emílio, que fora trabalhar na "Batalha da Borracha", parte do esforço de guerra, mandava do Amazonas apelos veementes pela não extinção, propondo-se inclusive, na sua larga generosidade, a entrar com dinheiros mais abundantes que o das nossas magras cotizações periódicas. No entanto, a solução só apareceu mais de um ano depois, através de Lourival, que foi sempre o diretor responsável. Havia uma pequena empresa de conhecidos dele, ligada à publicidade, que se interessou em custear certo número de publicações de pouco lucro, mas que no conjunto poderiam dar algum. Pensaram em incluir *Clima* no esquema; nós aceitamos e ela voltou à vida em agosto de 1944, com redação oficialmente no escritório deles, mas com o mesmo tipo de trabalho de antes, todo feito por nós. Com a fórmula do número 12 apurada e flexibilizada, a revista saiu afinal excelente como organização e legibilidade. Tiramos quatro números até novembro, quando a empresa se desinteressou e nós encerramos as atividades de uma vez por todas. Tínhamos produzido dezesseis números, entre abril de 1941 e novembro de 1944. Como acontece frequentemente na vida, aprendemos a trabalhar quando o fim estava perto.

Quanto à circulação, alguns números tiveram grande saída, como o 1 e o 13; outros tiveram saída razoável, sobretudo na segunda fase. Mas a maioria encalhou e os números restantes, empilhados nos porões das nossas casas, acabaram se perdendo. Hoje, uma coleção completa deve ser coisa muito rara. E com isso fica feito o histórico, meio por cima.

Quanto à orientação, houve duas fases tão distintas que quase se poderia falar de duas revistas, com exagero e tudo. A primeira fase foi do número 1 ao 11; houve uma transição no número 12 e depois uma segunda fase do 13 ao 16. Para compreender isso, e para compreender a orientação do chamado "grupo de *Clima*", é preciso ler três documentos publicados em momentos diferentes: o "Manifesto" do número 1, assinado "Redação", mas escrito por Alfredo Mesquita; a "Declaração" do número 11, escrita por Paulo Emílio e assinada por todos os redatores; e o "Comentário" longo do número 12, sem assinaturas, também da autoria de Paulo. Eles fazem compreender o trajeto contraditório mas não inesperado de uma revista que começou apolítica, preocupada com o trabalho puramente intelectual, e foi se politizando lentamente, ficando cada vez mais radical, até uma atitude francamente empenhada. É o que tentarei mostrar.

Vejamos para começar a orientação inicial, que durou até o número 11. O que chama logo a atenção é o fato de *Clima* ser eventualmente severa com acontecimentos intelectuais e artísticos do momento e, no geral, respeitosa, explícita ou implicitamente, do passado imediato. Isso está claro no "Manifesto", com o seu ar de certa ingenuidade, que era a nossa. Nos dias de hoje, pode parecer estranho que um grupo de jovens começasse a vida intelectual tão sem rebeldia; mas houve motivos para isso.

O primeiro era a presença viva da grande geração modernista e dos escritores firmados depois de 1930, que despertavam o nosso respeito e eram para nós os reveladores da arte, da literatura e do próprio país. Convém não esquecer que a Semana de Arte Moderna datava de menos de vinte anos; que a revelação dos ficcionistas do Nordeste estava se processando; que Carlos Drummond e Murilo Mendes ainda levantavam o voo. O que se chama Modernismo, nas artes e na literatura, só então estava ficando pão cotidiano, sob os nossos olhos, e a posição natural era admirar. O peso do passado imediato era enorme, reforçado pela presença física dos escritores e artistas que o tinham configurado, e naquele tempo ainda havia um traço que desapareceu quase inteiramente: a reverência literária, o respeito sagrado pela literatura e a arte, mesmo com o tempero do sarcasmo e da irreverência.

A nossa geração teve a sorte de ver e observar de perto os artistas e escritores famosos que admirava, ou que formavam o *top set* da cultura, numa cidade que acabava de completar 1 milhão de habitantes e em cujo centro concentrado (se for possível falar assim) as pessoas se conheciam de vista. Nós acotovelávamos Mário de Andrade, Oswald de Andrade, Sérgio Milliet, Lasar Segall, Guilherme de Almeida, Tarsila do Amaral, Anita Malfatti, Flávio de Carvalho, Di Cavalcanti, Cassiano Ricardo, Menotti del Picchia, Monteiro Lobato, Caio Prado Júnior, além dos que moravam no Rio mas andavam sempre por aqui, como Augusto Frederico Schmidt e José Lins do Rego. Tinha para todos os gostos e a gente os via a todos, a toda hora, o ano inteiro, carregados de mitologia. Alguns apareciam na Confeitaria Vienense ou na antiga Livraria Jaraguá, onde havia um canto de conversa e, no fundo, uma sala de chá.

Essa presença e o respeito pelos recentes movimentos literários, ainda em fase de conquista do público, favoreciam a nossa atitude de acatamento, como escolha do que nos parecia novo e bom. Aliás, o Modernismo nos interessava sobretudo como atitude mental, ao contrário de hoje, quando interessa mais como criação de uma linguagem renovadora. Para nós, esta era veículo. Veículo das atitudes de renovação crítica do Brasil; do interesse pelos problemas sociais; do desejo de criar uma cultura local com os ingredientes tomados avidamente aos estrangeiros. E é preciso repetir que para nós o Modernismo abrangia também a geração de 1930, com a qual essas preocupações vieram para primeiro plano. Daí o desejo de seguir, de admirar os que tinham aberto caminho; daí também a opção, como *fiador* da revista, por Mário de Andrade, em cuja obra era mais patente o ânimo construtivo.

Mário estava passando naquele momento pela fase que se pode chamar didática, — muito crente no papel social e na força das luzes, na função de instituições como a Universidade e o Departamento de Cultura, que ele organizara e vira se esfrangalhar em parte. Andava preocupado com a consolidação da vida intelectual no Brasil e relativamente crítico em relação aos aspectos lúdicos da Semana de Arte Moderna. Creio que a presença dele talvez tenha confirmado a nossa atitude de admiração por todo o movimento que representava e que abrangera os dois decênios anteriores. Por isso, a ele pedimos patrocínio, através de Alfredo Mesquita, seu amigo. Aliás, havia no grupo uma sua parenta, Gilda de Moraes Rocha, e através de ambos nós nos aproximamos do grande escritor, sempre com certa cerimônia, seja dito. Ele foi generosíssimo e nos apoiou integralmente, escrevendo para o primeiro número um documento importante na história intelectual do Brasil contemporâneo, a "Elegia de abril", recolhida depois no seu livro *Aspectos da literatura brasileira*.[1] E com isso penso ter exposto a primeira parte do meu ponto de vista sobre a nossa atitude, isto é, essa espécie de respeito pelo passado imediato.

Um segundo fator neste sentido foi a nossa ligação essencial com a Faculdade de Filosofia, que naquele tempo era novidade recente, pois começara a funcionar em 1934. E nós fomos o primeiro grupo que lançou no terreno da cultura literária e artística alguns resultados do espírito que se definiu com ela. Praticamente todos nós lhe pertencíamos, como alunos, ex-alunos ou ouvintes. Pertencíamos, portanto, a uma instituição que despertava o nosso fervor, pela novidade da sua força renovadora.

---

[1] Mas nos achava sérios demais; até representantes de uma certa falta de agilidade e graça, própria de São Paulo segundo ele, que contrasta com a leveza carioca e chama de "bestice" e "burrice", com ternura conformada. É o que se lê numa carta de 26 de junho 1941 a Paulo Duarte: "O artigo avulso saiu em *Clima*, revista de novos, um pouco pesada pra 'novos' mas realmente de interesse". "E *Clima* é isso — a tradição desta sublime burrice lenta e grave dos Paulistas, de que tiro, afinal das contas, uma certa vaidade divertida. Grandeza e mal a São Paulo"; havendo casos em que a leviandade dos outros o levava a dar "graças-a-Deus desta nossa maciça sensatez, ai!". Paulo Duarte, *Mário de Andrade por ele mesmo*. São Paulo: Edart, 1971, pp. 198 e 200.

Admirávamos os professores, todos estrangeiros, alguns de alta qualidade, e admirávamos a contribuição que traziam. Reverência, portanto, de todos os lados; ainda não era chegado o momento em que os alunos precisariam contestar os professores e as estruturas docentes, que naquela altura pareciam encarnar o que tinha de melhor no progresso cultural do país.

Imaginem uma cidade provinciana, como era São Paulo, recebendo de repente um grupo de intelectuais estrangeiros de categoria, ou que viriam a ser de categoria e aqui mostraram o de que eram capazes. Para ficar no setor das humanidades, que nos interessa, basta lembrar que em São Paulo começou a carreira e lançou as sementes da sua obra Claude Lévi-Strauss; que ensinaram aqui Fernand Braudel e Roger Bastide, que seriam dos grandes do seu tempo em história e sociologia. Que durante muitos anos ensinou literatura e conviveu conosco Giuseppe Ungaretti, um dos maiores poetas modernos. É claro que tais homens despertavam respeito, favoreciam uma atitude de aceitação dos valores que nos precediam.

Mas, curiosamente, o professor que influenciou mais direta e profundamente o nosso grupo não foi um dos famosos que citei. A nossa concepção de vida e de trabalho intelectual sofreu um impacto decisivo de Jean Maugüé, professor de filosofia, de acentuada impregnação marxista, que, assim como o seu mestre Alain, como o seu colega e amigo Sartre, não acreditava muito nas convenções universitárias. Maugüé se alistou em 1944 nas tropas francesas livres, no Norte da África, fez a guerra até o fim e passou depois à diplomacia, que acabou abandonando, ou tendo de abandonar, devido ao seu inconformismo fundamental. Voltou então a ser professor de liceu em Paris e como tal se aposentou faz alguns anos. Mas em São Paulo, na jovem Faculdade, esse então jovem professor (tinha trinta anos quando veio) exerceu uma influência decisiva sobre nós e outros grupos de estudantes.

Maugüé tinha uma inteligência prodigiosa e um extraordinário dom de ensino. Se não quis ser um filósofo eminente, foi sem dúvida um mestre de qualidade rara. Provém dele muito de nossa atitude intelectual e, portanto, uma parte da tonalidade de *Clima*. Para ele a filosofia interessava sobretudo como reflexão sobre o cotidiano, os sentimentos, a política, a arte, a literatura. O nosso grupo incorporou profundamente este ponto de vista, que explica por que, sendo nós todos formados em filosofia e ciências sociais, acabamos, quase todos, críticos. Note-se bem: no grupo que fez a revista não havia um só licenciado em letras. Fomos licenciados em filosofia e em ciências sociais, mais alguns estudantes ou graduados de outras áreas, que se tornaram críticos de arte, literatura, música, cinema. Naquela fase heroica da Faculdade, em que havia muito de pioneirismo e de diletantismo, *Clima* representou a reflexão do tipo preconizado por Maugüé, cujas aulas eram frequentemente iniciadas por um comentário sobre o filme da semana, a última exposição de pintura, o noticiário dos jornais.

Vejamos agora outro aspecto, que leva a definir a segunda fase, conforme a distinção feita acima. Refiro-me ao caráter apolítico da primeira fase de *Clima*, coisa difícil de imaginar hoje.

O grupo que fazia a revista era formado por jovens que se opunham à ditadura de então, e cujas ideias eram de democráticas para esquerdistas, como fica evidente pelas simpatias, mesmo platônicas, em relação aos traços politicamente decisivos do tempo. Éramos contra o fascismo, tínhamos manifestado adesão afetiva às Frentes Populares e à Espanha Republicana, alguns de nós se interessavam pelo marxismo e a história da Revolução Russa. No entanto, éramos muito pouco politizados e sem maior preocupação a respeito. Apenas Paulo Emílio, como exceção flagrante, tinha passado, experiência e cultura política; por isso, teria dentro de algum tempo influência marcada sobre a reorientação da revista e o comportamento ideológico de alguns de nós (embora, curiosamente, não tenha escrito nada para os números da fase final, politizada como veremos, para os quais arranjava, porém, matéria de terceiros).[2]

O nosso relativo desligamento, além de corresponder a tendências pessoais, era favorecido provavelmente pelo momento. Depois de 1937 e do golpe que instaurou o Estado Novo, tinha sido suprimida toda a atividade política e houve incremento da perseguição às esquerdas. Logo depois, em 1938, houve também a perseguição aos integralistas. De maneira que se criou um certo marasmo, a não ser para as vocações militantes firmes, que persistiam na clandestinidade. Foi nesse contexto que *Clima* acolheu em alguns números colaborações de rapazes de direita, que todavia não escreviam como tais, pois estavam, como nós, mais interessados nos problemas da cultura. De fato, nunca publicaram matéria de conotação ideológica, por leve que fosse, mas artigos críticos, poemas, ensaios filosóficos. E o mais interessante é que o promotor dessas aproximações foi Paulo Emílio, com a sua larga e generosa vontade de conhecer e entender. Mas também foi ele que, na hora das definições, deu a tônica e atuou com maior decisão e energia.

O pressuposto da nossa atitude era de cunho bastante idealista: a ideia de uma certa transcendência da cultura intelectual e artística, que estaria acima das divergências políticas. Era como se, acima dos antagonismos, das discussões, das

---

[2] Mário de Andrade se alarmava com o nosso desligamento político inicial: "Há uma mentalidade notável, em rapazes e moças da Faculdade de Filosofia, mas também esta é desastrosa no momento, porque é uma mentalidade de tempo de paz, humanística, contemplativa, também o seu pouco cínica, incapaz de se interessar por um discurso de Hitler sem o converter pra um plano ideológico de todas as passividades". Paulo Duarte, op. cit., p. 235.

Nessa altura, para Mário atitude modelar era a dos rapazes combativos, como Carlos Lacerda no Rio e os líderes estudantis da Faculdade de Direito em São Paulo: Germinal Feijó, Israel Dias Novais e outros que eram seus amigos.

tensões entre nós e os nossos colaboradores de direita, devesse reinar um campo ideal de entendimento. Mas é oportuno lembrar que a maioria deles, no fim de poucos anos, tinha abandonado as suas posições iniciais e passado a convicções democráticas e mesmo socialistas, mostrando que, no fundo, havia mais afinidades entre eles e nós do que pareceria à primeira vista.

De repente a situação mudou, quando o Brasil entrou na guerra, em 1942. Os antagonismos refreados vieram à tona por causa da veemência com que se passou a atacar o fascismo, levando-nos a ser mais coerentes e tornando impossível a colaboração, mesmo literária, de esquerdistas e direitistas. O manifesto do número 11 era bastante duro, quando se pensa que na revista colaboravam rapazes que pelo menos tacitamente ainda eram integralistas, e outros de orientação mais amplamente conservadora. Nele, dizia-se que os integralistas eram a "quinta-coluna" local. Houve choques pessoais, desentendimentos orais e escritos, rupturas de algumas relações; mas a partir daí pusemos de lado aquela espécie de desligamento ideal e assumimos atitude mais coerente. Para ser exato, esta atitude só se manifestou um pouco mais tarde, porque naquela altura a revista sofreu a primeira interrupção longa, já mencionada, devida provavelmente a certo cansaço.

Resolvemos então modificar não apenas a orientação ideológica, que se tornou definida no sentido de um certo radicalismo de esquerda democrática, mas a estrutura, que adquiriu maior flexibilidade. O professor Maugüé, nas aulas e conversas, comentando *Clima*, censurava o seu todo de tijolo, feito de grandes blocos sem arejamento; e lembrava que uma revista começa a ser lida pelo fim, onde deviam estar notas curtas, notícias, material leve. A fórmula que adotamos neste sentido a partir do número 12 procurou corresponder a esse ponto de vista. Os quatro últimos números eram vivos, legíveis, interessantes, com notas polêmicas, notícias e um divertido noticiário final, devido sobretudo a Décio de Almeida Prado.

Ideologicamente, demos seguimento ao que constava do manifesto do número 11, escrito por Paulo Emílio e assinado pelos redatores:

> O grupo que fundou *Clima* em 1941 resolveu que nesta revista não seriam debatidos assuntos de política, nacional ou internacional. Esta orientação foi escrupulosamente seguida até o número 10. *Clima* recebeu, pediu e publicou ensaios, críticas e poesias de intelectuais da mais variada procedência ideológica, desde que não contrariassem a norma de abstenção política estabelecida.
>
> Isso nunca significou que os diretores, redatores e colaboradores mais íntimos de *Clima* não tivessem uma unidade de vistas diante dos problemas essenciais do nosso tempo.
>
> Para nós, moços intelectuais e logo soldados, que assinamos esta declaração, a guerra entre o Brasil, de um lado, e a Alemanha e a Itália do outro, é inseparável da guerra que se processa em escala internacional contra o fascismo.

E por aí afora, sendo preciso lembrar que esta última proposição pretendia desmascarar (dentro das severas limitações impostas pela censura) o Estado Novo fascistizante, dissociando o país do seu governo.

No número 12 saiu o importante "Comentário" não assinado, também escrito por Paulo Emílio. Depois de uma ressalva aos integralistas que tinham largado o seu partido, ele procurava definir uma posição de socialismo independente, destacada das posições então vigentes do stalinismo e do trotskismo, bem como da Segunda Internacional. Pode-se dizer que foi a definição do rumo seguido pela Redação nos números subsequentes, e que a partir daí alguns de nós procuraram traduzir em militância política, primeiro clandestina, até o fim do Estado Novo; depois, na legalidade. Com mais boa vontade do que capacidade, seja dito. E, repito, quando a revista estava ideologicamente madura e estruturalmente bem-composta, — acabou...

Como grupo, fomos chamados em 1942 para colaborar na formação da Associação Brasileira de Escritores, Seção de São Paulo, onde houve certo esforço contra a ditadura, culminado pelo 1 Congresso Brasileiro de Escritores, cujo manifesto de janeiro de 1945 foi um marco democrático. Em tudo isso, *Clima* participou ativamente, bem integrada na luta ideológica do tempo, depois do desprendimento inicial.

Agora, acho que convém fazer um levantamento das que foram, a meu ver, as contribuições mais destacadas da revista.

Primeiro, é preciso dar relevo à matéria de alta qualidade, devida a escritores já consagrados, que atendiam ao nosso pedido de colaboração. De Mário de Andrade, a citada "Elegia de abril" e o conto "O ladrão". Alguns poemas importantes de Carlos Drummond de Andrade, inclusive o decisivo "Procura da poesia". Poemas, também, de Cecília Meireles, sobretudo o "Lamento do oficial por seu cavalo morto". Poemas de Vinicius de Moraes, praticamente da nossa idade e nosso companheiro.

De escritores da nossa geração que estavam começando, publicamos poemas de gente como Péricles Eugênio da Silva Ramos, Mário da Silva Brito, Lêdo Ivo, Afrânio Zuccolotto; contos, entre outros, de Lygia Fagundes, Miroel Silveira, Almeida Fischer, Mário Neme; ensaios de Lauro Escorel, Luís Martins, Mário Schenberg, Vicente Ferreira da Silva, Fernando Sabino, Aluísio Medeiros etc.

Quanto ao nosso grupo, creio que no campo do ensaio o que houve de mais importante foi o de Rui Coelho, "Marcel Proust e o nosso tempo", no número 1. Mas, no conjunto, é provável que a contribuição mais saliente tenha sido uma certa afirmação e mesmo renovação de atitudes críticas, em alguns setores, não em todos.

A seção de música era especialmente alerta e participante, na esteira de *Música, doce música*, de Mário de Andrade. O fundador da seção, Antônio Branco Lefèvre, num tom de eficiente acidez polêmica, afirmava não apenas padrões de exigência, mas a necessidade de renovar a pesquisa e a execução. Ao lado dele, as notas combativas de Álvaro Bittencourt destacavam a importância das tendências renovadoras, apoiando o movimento "Música viva" e satirizando o apego à tradição. O redator da segunda fase, Alberto Soares de Almeida, definia critérios de rigor e finura na apreciação dos espetáculos.

Em artes plásticas, Lourival Gomes Machado lançou o comentário crítico longo, dando ao que costumava ser notícia uma consistência de ensaio. Foi particularmente importante a atenção que dedicou aos pintores de São Paulo que então começavam a aparecer e hoje são famosos. Neste setor, a revista fez uma coisa que talvez fosse inédita no Brasil: publicar em cada número, a partir do 11, como se fosse colaboração plástica, uma série de gravuras do mesmo autor: Cláudio Abramo, Lívio Abramo, Manuel Martins, Oswaldo Goeldi, Walter Lewy.

Em teatro, Décio de Almeida Prado elevou a um nível até então pouco frequente a reflexão crítica e a resenha de espetáculos, contribuindo para o movimento renovador de que ele próprio foi ativo participante.

Muito inovadora foi a contribuição do setor de cinema, com os estudos longos, laboriosamente pensados de Paulo Emílio, que desse modo deu à crítica especializada uma densidade e um nível que praticamente ela não conhecera antes no Brasil, salvo algumas manifestações do Chaplin Clube, do Rio de Janeiro. Nos números finais, a responsabilidade coube a Rui Coelho, que, seguindo a nova fórmula da revista, adotou a técnica da notícia curta, de cunho informativo mas acentuado teor crítico.

Valeria a pena lembrar o desejo de participação cultural que animou o grupo e se projetou em âmbito mais amplo que o da revista, inclusive depois de ela ter acabado. Paulo Emílio fundou o Clube de Cinema, de onde sairia mais tarde a Cinemateca Brasileira, também fundada por ele, sem contar a sua larga atividade de crítica e doutrinação. Décio de Almeida Prado fundou e dirigiu o Grupo Universitário de Teatro, exerceu depois em *O Estado de S. Paulo* a crítica teatral durante muitos anos, participou com eficácia das associações de classe e influiu na fase renovadora aberta em São Paulo com o Teatro Brasileiro de Comédia. Lourival Gomes Machado, que durante anos foi crítico de artes plásticas da *Folha da Manhã*, não apenas renovou o ensino da arquitetura, como diretor da FAU no decênio de 1950, mas colaborou decisivamente na configuração e organização das Bienais de São Paulo, em sua grande fase. Mais tarde desempenharia na Unesco funções culturais de importância, em plano internacional.

Clima teve as suas iniciativas, como o lançamento em São Paulo do jovem pintor suíço Jean-Pierre Chabloz, que fez uma exposição sob o nosso patrocínio. Muito importante foi o patrocínio à do surrealista português António Pedro, para cujo catálogo Ungaretti escreveu um ensaio notável. Registro ainda o debate de estética a propósito do filme *Fantasia*, de Walt Disney, ao qual se consagrou o número 5, por iniciativa e sob a orientação de Paulo Emílio, com artigos de Oswald de Andrade, Flávio de Carvalho, Sérgio Milliet e outros.

De maneira mais genérica, eu repetiria que uma contribuição importante foi a circunstância da nossa revista ter sido a primeira manifestação, no terreno da crítica e do movimento das ideias, da nova mentalidade definida pela Faculdade de Filosofia da Universidade de São Paulo. Quanto à participação ideológica, eu mencionaria a tentativa de definir, é verdade que à margem da revista, uma posição de intelectual de esquerda não dependente das organizações usuais, — processo em que Paulo Emílio teve papel central, com a sua experiência, a sua longa estadia na Europa antes da guerra, a sua cultura em matéria política.

Falemos ainda dos laços que a revista permitiu estabelecer ou desenvolver com outros grupos de moços. Por exemplo, os "pesquisistas", de Santos: Miroel Silveira, Cassiano Nunes, Nei Guimarães, Francisco De Marchi, colaboradores que se ligaram a nós. Éramos ligados também com rapazes de Belo Horizonte, tendo Fernando Sabino sido nosso colaborador. No Rio, o correspondente era Carlos Lacerda primeira fase, próximo de nós pelas ideias, assim como o seu grupo, formado entre outros por Moacir Werneck de Castro, Guilherme Figueiredo, Murilo Miranda. Em Recife, o nosso correspondente era Otávio de Freitas Júnior, jovem psiquiatra e crítico, para um de cujos livros Mário de Andrade escreveu, como prefácio, o "Segundo momento pernambucano". Tivemos bons contatos intelectuais com um grupo de Fortaleza, onde Aluísio Medeiros foi nosso correspondente e colaborador. Alguns anos depois esse grupo fundou a revista *Clã*, que tinha certas afinidades com a nossa, passando, como esta, da tentativa de neutralidade ideológica à opção política. Certa vez publiquei em *Clima* um "Manifesto grouchista", de que os rapazes cearenses gostaram; e Antônio Girão Barroso escreveu o "Segundo manifesto grouchista" (trata-se de Groucho Marx, um dos nossos ídolos).

Já que os ouvintes estão anotando dados, convém dar algumas informações sobre pseudônimos. Eu era Inácio Borges de Melo, Joaquim Carneiro e Fabrício Antunes (usado também uma vez por Rui Coelho). Este último chegou a despertar curiosidade e comentários, porque afetava saber russo e dava palpites sobre Maiakóvski. Mário de Andrade, a par do segredo, se divertia imensamente. Alfredo Mesquita foi Aluísio Buarque Vieira; Lourival Gomes Machado, Teixeira

Cavalcanti; Antônio Branco Lefèvre, F. A. Rolim; Aristides Lobo, A. Maranhão. Mas há outros, bem como algumas iniciais que não consigo mais identificar. E com esta nota pitoresca, dou por terminado o meu depoimento, marcado certamente pelas limitações do ângulo pessoal e as lacunas de uma memória que procura voltar para trás mais de trinta anos.

Notas bibliográficas

1. "Teresina e os seus amigos". Publicado pela primeira vez neste livro, incorpora o pequeno artigo "Teresina", que saiu em 1957 no Suplemento Literário de *O Estado de S. Paulo*.
2. "Radicais de ocasião". Publicado na revista *Discurso*, n. 9, 1978.
3. "Feitos da burguesia". Publicado no jornal *Opinião*, n. 202, 17 set. 1976.
4. "Congresso dos escritores". Publicado no jornal *Opinião*, n. 151, 26 set. 1975.
5. "A verdade da repressão". Publicado no jornal *Opinião*, n. 11, 15-22 jan. 1972.
6. "Integralismo = fascismo?". Prefácio a *O integralismo de Plínio Salgado* de José Chasin. São Paulo: Grijalbo, 1978.
7. "*Raízes do Brasil*". Prefácio à 5. ed. de *Raízes do Brasil* de Sérgio Buarque de Holanda, Rio de Janeiro: José Olympio, 1969.
8. "*Clima*". Este escrito é a redação de uma palestra feita em fevereiro de 1974 no ciclo de estudos sobre o decênio de 1940, promovido pelo Instituto de Estudos Brasileiros da Universidade de São Paulo. Agradeço a Adélia Bezerra de Menezes, que, transcrevendo a gravação, tornou possível o texto. Publicado em *Discurso*, n. 8, 1978.

Marina de Mello e Souza/ Arquivo do IEB-USP/ Fundo Antonio Candido

Antonio Candido de Mello e Souza nasceu no Rio de Janeiro, em 1918. Crítico literário, sociólogo, professor, mas sobretudo um intérprete do Brasil, foi um dos mais importantes intelectuais brasileiros. Candido partilhava com Gilberto Freyre, Caio Prado Jr., Celso Furtado e Sérgio Buarque de Holanda uma largueza de escopo que o pensamento social do país jamais voltaria a igualar, aliando anseio por justiça social, densidade teórica e qualidade estética. Com eles também tinha em comum o gosto pela forma do ensaio, incorporando o legado modernista numa escrita a um só tempo refinada e cristalina. É autor de clássicos como *Formação da literatura brasileira* (1959), *Literatura e sociedade* (1965) e *O discurso e a cidade* (1993), entre diversos outros livros. Morreu em 2017, em São Paulo.

© Ana Luisa Escorel, 2023

Todos os direitos desta edição reservados à Todavia.

Grafia atualizada segundo o Acordo Ortográfico da Língua Portuguesa de 1990, que entrou em vigor no Brasil em 2009.

Este volume tomou como base a terceira edição de *Teresina etc.* (Rio de Janeiro: Ouro sobre Azul, 2007), elaborada a partir da última versão revista por Antonio Candido. Em casos específicos, e a pedido dos representantes do autor, a Todavia também seguiu os critérios de estilo da referida edição.
O texto de orelha, redigido originalmente pelo próprio Antonio Candido, foi mantido.

capa
Oga Mendonça
composição
Maria Lúcia Braga e Fernando Braga,
sob a supervisão da Ouro sobre Azul
preparação e revisão
Huendel Viana
Jane Pessoa

Dados Internacionais de Catalogação na Publicação (CIP)

Candido, Antonio (1918-2017)
Teresina etc. / Antonio Candido. — 1. ed. — São Paulo : Todavia, 2023.

Ano da primeira edição: 1980
ISBN 978-65-5692-525-7

1. Literatura brasileira. 2. Literatura e sociedade.
I. Título.

CDD B869.4

Índice para catálogo sistemático:
1. Literatura brasileira : Ensaio B869.4

Bruna Heller — Bibliotecária — CRB 10/2348

---

todavia
Rua Luís Anhaia, 44
05433.020 São Paulo SP
T. 55 11. 3094 0500
www.todavialivros.com.br

Acesse e leia textos encomendados especialmente para a Coleção Antonio Candido na Todavia.

www.todavialivros.com.br/antoniocandido

fonte Register*
papel Pólen natural 80 g/m²
impressão Geográfica